Klar|text 10

Arbeitsheft

Differenzierende Ausgabe

Baden-Württemberg

W0418037

So lernst du mit diesem Arbeitsheft:

Neben diesem Symbol findest du **Hilfestellungen,** die du beim Lösen der Aufgaben nutzen kannst. Versuche zunächst, eine Aufgabe selbstständig zu bearbeiten. Wenn du feststellst, dass du Unterstützung brauchst, kannst du die angebotenen Hilfen verwenden.

Dieses Symbol weist dich auf **zusätzliche Aufgaben** hin. Du kannst sie bearbeiten, wenn du mit den Übungen davor fertig bist, um dein Können zu zeigen.

In der Mitte des Arbeitsheftes findest du auf den Seiten I bis IX Leitfäden zu den Schreibaufgaben im Schülerband sowie zu den Aufgaben in diesem Arbeitsheft. Sie geben dir Hinweise zum Planen, Schreiben und Überarbeiten deiner Texte. In der rechten Spalte kannst du jeweils einschätzen, wie gut dir die einzelnen Arbeitsschritte gelungen sind. Du musst dafür nur den entsprechenden Smiley ankreuzen. Auf der Rückseite erhältst du Schreibhilfen zu jeder Textart. Die Seiten X bis XII enthalten Leitfäden zur Rechtschreibung und zur Grammatik. Sie helfen dir beim Erkennen und Auswerten sprachlicher Gestaltungsmittel sowie bei der Anwendung der Rechtschreibstrategien und beim Erlernen der Grammatik.
Du kannst die einzelnen Leitfäden herausnehmen, ausschneiden und in deine Mappe oder dein Deutschheft einheften.

westermann

Klar|text 10

Arbeitsheft
Differenzierende Ausgabe
Baden-Württemberg

Erarbeitet von:
Barbara Beck, Hiltrud Fox, Christiane Heiber, Andrea Heinrichs, Mireille Hoppen, Heiko Judith, Susanne Röder-Wittl, Nicole Rösingh, Martin Urra, Martina Wolff

Textquellen:
S. 5ff. und 10f.: David Levithan, Letztendlich geht es nur um dich, aus dem Amerikanischen von Martina Tichy, Frankfurt a.M.: © S. Fischer Verlag GmbH 2016.; **S. 13ff.:** Peter Holzwarth, Schönheitswahn und Profit: Die Kultur der Selbstoptimierung, Online-Artikel vom 15.06.2017, Verlag Der Tagesspiegel GmbH, Berlin, aus: https://causa.tagesspiegel.de/gesellschaft/problemzone-koerper/die-kultur-der-selbstoptimierung.html (06.11.2019); **S. 18f.:** Laura-Nadin Naue, Liebe deinen Körper, wie er ist!, Online-Artikel vom 05.04.2019, NDR.de, Hamburg, aus: https://www.ndr.de/ratgeber/Die-Body-Positivity-Bewegung-in-Deutschland,koerpergefuehl100.html (06.11.2019); **S. 20f.:** Rea Mahrous, Warum ich als Plus-Size-Frau ein Problem mit Body Positivity habe, Online-Artikel vom 27.11.2018, Im Gegenteil, Annelie Kralisch-Pehlke & Juliane Ebert GbR, Berlin, aus: https://imgegenteil.de/blog/warum-ich-als-plus-size-frau-ein-problem-mit-body-positivity-habe/ (06.11.2019); **S. 22 f.:** Die braune Falle, in: Bundesamt für Verfassungsschutz Köln (Hg): Die Braune Falle. Eine rechtsextremistische „Karriere“, 2012; **S. 27 ff.:** Rede des Präsidenten des Zentralrats der Juden in Deutschland, Dr. Josef Schuster bei der zentralen Gedenkveranstaltung zum 80. Jahrestag der „Reichspogromnacht“ am 09.11.2018 in der Synagoge in Berlin, Josef Schuster, in: Zentralrat der Juden in Deutschland, K.d.ö.R., Berlin, aus: https://www.zentralratderjuden.de/aktuelle-meldung/artikel/news/zentrale-gedenkveranstaltung-zum-80-jahrestag-der-reichspogromnacht/ (14.05.2019); **S. 39 f.:** Daniel Erk, Ellenbogen und Strafen – Das Leben als junger Mann ist nicht immer einfach, in: fluter-Heft Nr. 21, Es lebe der Unterschied? Das Gleichheitsheft, 2006/Bundeszentrale für politische Bildung Bonn; **S. 44 f.:** Theresa Bäuerlein, Tränen und Bier – Das Leben als junge Frau ist nicht immer einfach, in: fluter-Heft Nr. 21, Es lebe der Unterschied? Das Gleichheitsheft, 2006/Bundeszentrale für politische Bildung Bonn; **S. 49 ff.:** Friedrich Dürrenmatt, Die Physiker. Eine Komödie in zwei Akten. Neufassung 1980, Zürich: © Diogenes Verlag AG 1998, S. 43-53; **S. 61:** Ilona Bodden, Eines Tages, in: Praxis Deutsch, Heft 99, Friedrich Verlag, Seelze 1990, S. 31; **S. 70:** Frank Gensthaler, Big-Wave-Surfer von Nazaré: Im Hoch der Welle, Online-Artikel vom 04.04.2018, Spiegel online, aus: https://www.spiegel.de/reise/europa/big-wave-surfer-von-nazare-im-hoch-der-welle-a-1201024.html (06.11.2019); **S. 78:** Von „knorke“ bis „gaga“ – die Entwicklung der Jugendsprache, aus: Claudia Janetzko/Marc Krones, Germanistik-Lehrstuhl Professor Eva Neuland, Universität Wuppertal, Online-Artikel vom 02.06.2008, Spiegel Online , aus: http://www.spiegel.de/wissenschaft/mensch/von-knorke-bis-gaga-die-entwicklung-der-jugendsprache-a-557237.html (06.11.2019); **S. 83:** In den Ferien im Ausland jobben, in: Sightseeing in Europa, o.ED, Hans Hirling, Sindelfingen, http://www.europe-sightseeing.com/sprachschulen-arbeiten-jobs/Ferienjobs-im-Ausland.html (06.11.2019).

Bildquellen:
alamy images, Abingdon/Oxfordshire: Jochen Tack **82**; SOPA Images Limited **70**; WENN Rights Ltd **20**. bpk-Bildagentur, Berlin: **28**. dreamstime.com, Brentwood: Gmgadani **75**. fotolia.com, New York: Albachiaraa **64**; Mark, Oleksiy **84**. Iko Freese / drama-berlin.de, Berlin: **49, 51**. iStockphoto.com, Calgary: AlexRaths (Gruppe) Titel. Picture-Alliance GmbH, Frankfurt/M.: **52**; Jochen Tack **22**; Luc Gnago **76**; Michael Kappeler **27**; REUTERS **29**. Röske, Florian, Braunschweig: **Titel**. Shutterstock.com, New York: KlaraBstock **74**. stock.adobe.com, Dublin: lenets_tan **13 1**; Photographee.eu **13 2**; Tobias **79**. Tomicek/www.tomicek.de, Werl: **48**.

westermann GRUPPE

Druck A[1] / Jahr 2020
Alle Drucke der Serie A sind im Unterricht parallel verwendbar.

Redaktion: Nicole Rösingh, Jemgum
Illustrationen: Matthias Berghahn, Evelyn Neuss, Yaroslaw Schwarzstein
Umschlaggestaltung: LIO Design GmbH, Braunschweig; Coverfoto: Florian Röske, Braunschweig
Layout: designbüro Arndt + Seelig, Bielefeld
Druck und Bindung: Westermann Druck GmbH, Braunschweig

ISBN 978-3-14-**123873**-0

Inhaltsverzeichnis

Einen Romanauszug verstehen und das Textverständnis nachweisen

1 David Levithan hat einen zweiten Band mit dem Titel „Letztendlich geht es nur um dich" geschrieben. Darin erzählt der Autor die Geschichte von Rhiannon und A aus der Perspektive Rhiannons noch einmal. Erschließe den Beginn des Romans mit der Lesemethode für erzählende Texte.

Letztendlich geht es nur um dich, 1. Kapitel

David Levithan (2016)

Sein Auto kommt auf dem Parkplatz zum Stehen. Er steigt aus. Ich bin in seinem Blickwinkel, rücke nach und nach ins Zentrum – aber er hält nicht nach mir Ausschau. Er steuert auf die Schule zu und kriegt nicht mit, dass ich praktisch direkt vor ihm stehe. Ich könnte rufen, aber das mag er nicht. Das tun nur Mädels, die es nötig haben, sagt er – ständig nach ihren Freunden rufen. Es tut weh, dass er mich so sehr erfüllen kann und ich ihn so wenig.

Hält er wegen gestern Abend nicht Ausschau nach mir? Ist unser Streit immer noch aktuell? Wie so oft ging es dabei um was total Blödes, aber worum es eigentlich ging, war absolut nicht blöd. Ich habe ihn nur gefragt, ob er Lust hätte, am Samstag mit auf Steves Party zu gehen. Mehr nicht. Und er hat mich angeblafft, warum ich ihn am Sonntagabend frage, was er den Samstag drauf unternehmen will. Er meinte, ich würde das ständig so machen, ständig versuchen, ihn festzunageln, als würde er nichts mit mir unternehmen wollen, wenn ich es nicht schon monatelang vorher mit ihm ausgemacht hätte. [...] Ich bin in jemanden verliebt, der Schiss vor der Zukunft hat. Und blöd wie ich bin, bringe ich es immer wieder zur Sprache. Ich folge ihm. Natürlich. Nur ein Mädchen, das es nötig hat, wäre sauer auf ihren Freund, bloß weil er sie auf einem Parkplatz nicht bemerkt hat.

Auf dem Weg zu seinem Spind frage ich mich, welchen Justin ich dort wohl vorfinden werde. Vermutlich nicht den süßen Justin, denn der lässt sich eher selten in der Schule blicken. Hoffentlich aber auch nicht den sauren Justin, denn so viel habe ich nun auch wieder nicht falsch gemacht, finde ich. Ich hoffe auf den gechillten Justin, den mag ich. Wenn es der gechillte Justin ist, können wir alle einen Gang runterfahren. [...] Endlich sieht er zu mir hin. Erst werde ich aus seiner Miene nicht schlau. Es kommt mir vor, als würden wir uns wechselseitig abchecken. Vielleicht ist das ein gutes Zeichen, denke ich, vielleicht macht er sich Sorgen um mich. Oder auch ein schlechtes Zeichen, weil er nicht kapiert, wieso ich hier bin. „Hey", sagt er. „Hey", gebe ich zurück. Echt heftig, wie er mich ansieht. Bestimmt findet er irgendwas an mir auszusetzen. Er findet immer irgendwas. Aber es kommt nichts in der Richtung von ihm. Seltsam. Und dann – was noch seltsamer ist – fragt er mich: „Alles okay mit dir?" Ich muss echt jämmerlich aussehen, wenn er mich so was fragt. „Klar", sage ich. Weil ich nicht weiß, was ich darauf sagen soll. [...] „Bist du sauer auf mich?" Will ich die Antwort darauf wirklich hören? Aber dann kommt es von ihm: „Nein, ich bin absolut nicht sauer auf dich." Lügner. Wenn es bei uns Probleme gibt, bin normalerweise ich diejenige, die sie sieht. Ich mache mir Gedanken für uns beide. Bloß kann ich ihm das nicht allzu oft sagen, weil das ja quasi hieße, ich würde mir was drauf einbilden, dass ich den Durchblick habe und er nicht.

Ungewissheit. Soll ich wegen gestern Abend noch mal nachfragen? Oder so tun, als wäre es nie passiert – als würde so was nie passieren? „Willst du dich immer noch heute mit mir zum Mittagessen treffen?“ Erst nachdem die Frage raus ist, wird mir klar, dass ich schon wieder versuche, Pläne zu schmieden. Vielleicht bin ich ja doch eins von den Mädels, die es nötig haben. „Auf jeden Fall“, sagt Justin. „Das wäre super.“ Was ist das denn für ein Scheiß. Er spielt mit mir. Hundert pro. „Können wir schon machen“, schiebt er nach. Ich sehe ihm in die Augen, und er scheint es ernst zu meinen. [...] „Schön, dass du nicht sauer auf mich bist“, sage ich. „Ich will bloß, dass alles okay ist.“ Er weiß, dass ich ihn liebe. Ich weiß, dass er mich liebt. Das steht nie in Frage. Die Frage ist immer, wie wir damit umgehen. Es wird Zeit. Die Glocke läutet. [...]

In der Mittagspause treffen sich Rhiannon und A/Justin wieder. Doch anstatt gemeinsam essen zu gehen, schlägt er vor, mit ihr dorthin zu fahren, wohin sie gerne möchte. Rhiannon wünscht sich dann, mit ihm ans Meer zu fahren.

Ich denke immer noch, dass er Witze macht, aber dann fragt er mich, wie man da am besten hinkommt. Ich erkläre ihm die Route zu dem Strand, wo ich im Sommer früher oft mit meiner Familie gewesen bin. Wenn wir schon ans Meer fahren, kann es genauso gut dieser Strand sein. Er sitzt hinterm Lenkrad und wirkt vergnügt. Das sollte mich eigentlich entspannen, aber es macht mich nervös. Es sähe Justin ähnlich, mich an irgendeinen sehr speziellen Ort zu bringen und mich da abzuladen. Ein Riesentheater darum zu veranstalten. Mich vielleicht sogar auszusetzen. Das halte ich zwar dann doch für eher unwahrscheinlich, aber denkbar wäre es. [...] Er macht das Radio an und sagt, ich soll einen guten Sender suchen. Wie bitte? „Mein Auto, mein Radio“ – wie oft habe ich das schon von ihm gehört? Aber er scheint es ernst zu meinen, also gehe ich die Sender durch und hoffe, irgendwas zu finden, worauf er steht. Wenn ich ein bisschen länger bei einem Song hängenbleibe, der mir gefällt, fragt er: „Warum nicht den?“ Und ich denke: weil du den nicht ausstehen kannst. Aber das behalte ich für mich. Ich lasse den Song weiterspielen und warte darauf, dass Justin seine üblichen Witze reißt [...]. Stattdessen singt er auf einmal mit. Ich fasse es nicht. Justin singt nie mit. [...] „Was ist denn auf einmal in dich gefahren?“, frage ich. „Musik“, sagt er. „Ha.“ „Nein, echt.“ Er macht keine Witze. Er lacht mich nicht heimlich aus. So viel kann ich sehen. Ich weiß nicht, was hier vor sich geht, aber das steckt jedenfalls nicht dahinter. [...] Als der Song aus ist, lasse ich das Beifahrerfenster herunter – ich will den Wind in meinen Haaren spüren. Wortlos lässt Justin auch die übrigen Fenster herunter, und es ist, als wären wir in einem Windkanal oder in einem Vergnügungspark und sausten in einem Fahrgeschäft dahin, dabei ist es doch nur eine Spritztour auf dem Highway. [...] Er nimmt meine Hand und fängt an, mir Fragen zu stellen. Persönliche Fragen. Die erste lautet: „Wie geht's eigentlich deinen Eltern so?“ „Äh ... keine Ahnung“, sage ich. Seit wann interessiert er sich für meine Eltern? Er möchte, dass sie ihn mögen, das weiß ich, aber weil er sich nicht sicher ist, ob das der Fall ist, tut er so, als wäre es ihm egal. „Ach, du weißt schon. Mom versucht alles zusammenzuhalten, macht aber eigentlich nichts. Dad hat seine lichten Momente, aber er kann eine ziemliche Spaßbremse sein. Ich hab das Gefühl, je älter er wird, desto mehr ist ihm alles schnurzegal.“ [...] Er fragt mich, ob ich die Schule in diesem Jahr sehr anders finde als im letzten. Komische Frage. So was will eher meine Großmutter wissen, aber doch nicht mein Freund. Ich gehe es vorsichtig an. „Keine Ahnung. Schule ist scheiße, so wie immer. Aber, weißt du – einerseits will ich es wirklich hinter mir haben, andererseits mache ich mir auch Sorgen über das, was danach kommt. Nicht dass ich schon alles durchgeplant hätte – habe ich nicht. Ich weiß schon, du denkst immer, ich hätte tausend Pläne, aber wenn du dir mal genau ansiehst, wie ich mich bisher auf das Leben nach der Highschool vorbereitet habe, dann ist da nur ein großer weißer Fleck. Wie bei allen anderen auch.“ Halt die Klappe, halt die Klappe, halt die Klappe, denke ich. Warum

musst du davon anfangen? Aber vielleicht gibt es ja einen Grund. Vielleicht habe ich davon angefangen, um zu sehen, wie er reagiert. Er macht das dauernd mit mir, aber in der Hinsicht bin ich auch kein Unschuldslamm. „Wie siehst du das denn?“, frage ich. Er sagt: „Ganz ehrlich, ich versuche bloß, von einem Tag zum nächsten zu leben.“ Das weiß ich. Aber es gefällt mir besser, wenn es so herauskommt, in einem Tonfall, der spüren lässt, dass wir auf derselben Seite sind. Ich warte, ob noch mehr von ihm kommt, ob er den Streit von gestern Abend noch mal aufwärmt. Aber er lässt es bleiben. Dafür bin ich ihm dankbar. Wir sind jetzt mehr als ein Jahr zusammen, und in der Zeit habe ich mir mindestens hundertmal gesagt, das ist es jetzt – das ist der Neuanfang. Manchmal lag ich richtig. Aber nicht so sehr, wie ich es mir gewünscht hätte. [...] „Ich sollte jetzt in Englisch sein“, sage ich bei der letzten Abzweigung vor dem Strand. Mehr sage ich nicht. Ich will es nicht vermasseln. „Und ich in Bio.“ Aber das hier ist wichtiger. Meine Hausaufgaben kann ich nachholen, mein Leben nicht. „Lassen wir's uns einfach gutgehen“, sagt er. [...]
Ich lasse meine Schuhe im Wagen, so wie damals als Kind. Die ersten Schritte über den asphaltierten Parkplatz sind unangenehm, aber dann kommt der Sand, und alles ist gut. Heute ist keine Menschenseele am Strand; obwohl ich keine Horden erwartet hatte, ist das doch überraschend – als hätten wir den Strand bei einem Nickerchen ertappt. Ich kann nicht anders, ich muss einfach losrennen und mich im Kreis drehen. Alles meins, denke ich. Der Strand. Die Zeit. Justin. Nichts und niemand wird sich dazwischenschieben. [...] Er sieht zu mir her, und ich denke: O nein, gleich sagt er, dass ich wie ein Vollidiot aussehe. Aber dann läuft er auf mich zu, packt mich und schwingt mich im Kreis. [...] Wir lachen und jagen einander zum Wasser, spritzen uns gegenseitig nass, spüren den Sog an den Beinen. Ich klaube ein paar Muscheln auf, und Justin macht mit, sucht nach Farben, die getrocknet anders aussehen werden, nach Meerglas und spiraligen Schneckenhäusern. Es ist so toll, das Wasser zu spüren und stillzustehen – weil ein ganzer Ozean an mir zerrt und ich die Kraft habe zu bleiben, wo ich bin. Justins Gesicht ist wie ein offenes Buch. Er ist bis in die letzte Faser entspannt. So erlebe ich ihn sonst nie. Wir spielen miteinander, aber es ist nicht das Freund-Freundin-Spiel mit Strategien, Punktevergleich und geheimen Schachzügen. [...]

Schließlich bauen Rhiannon und A/Justin gemeinsam eine Burg am Strand, wie Rhiannon es aus glücklichen Tagen ihrer Kindheit kennt.

Wir gehen zum Wasser, um uns den Sand von den Händen zu spülen. Justin blickt zurück zum Strand, zu unserer Burg, und wirkt kurz ein bisschen verloren. Ja, verloren, aber an einem guten Ort. „Was ist?“, frage ich. Er sieht mich kurz an, mit einem ganz sanften Blick, und sagt: „Danke.“ Das hat er sicher schon das eine oder andere Mal gesagt, aber noch nie so – so, dass ich es gerne im Gedächtnis behalten würde. „Wofür?“, frage ich. Und meine eigentlich: Wieso gerade jetzt? Wieso jetzt endlich? „Für das hier“, sagt er. „Für das alles.“ Ich möchte so gern daran glauben. Möchte so gern denken, dass wir endlich da sind, wo ich uns in meinem Innern immer schon gesehen habe. Aber es läuft zu einfach. Fühlt sich zu einfach an. „Es ist okay“, sagt er. „Es ist okay, glücklich zu sein.“ Wie lange wünsche ich mir das schon. Es ist zwar nicht so, wie ich es mir vorgestellt habe, aber das ist ja immer so. Es überwältigt mich, wie sehr ich ihn liebe. Ich spüre kein bisschen Hass auf ihn. Nur Liebe. Und es macht mir keine Angst. Im Gegenteil. Ich weine, weil ich glücklich bin und mir wohl jetzt erst klar wird, dass ich immer nur erwartet habe, unglücklich zu sein. Ich weine, weil zum ersten Mal seit langer Zeit das Leben wieder einen Sinn ergibt.

2 Überprüfe dein Textverständnis (s. **TIPP** im Schülerband, Seite 14), indem du die Aufgaben A-H bzw. I (⊖) bearbeitest.
a) Markiere in den Aufgaben die Operatoren und unterstreiche Schlüsselwörter, die dir Hinweise geben, was du erarbeiten sollst.
b) Lies den Text noch einmal und markiere alle Stellen, die dir bei der Bearbeitung der Aufgabe hilfreich sind. Mache dir dabei stichwortartig Notizen am Rand.
c) Formuliere deine Notizen als zusammenhängende Antwort, sofern nicht anders angegeben.

A Erkläre, warum Rhiannon Justin nicht auf sich aufmerksam macht, als sie ihn aus seinem Auto aussteigen und in ihre Richtung gehen sieht.

____

____

____

⊖ Berücksichtige dazu die Zeilen 4 bis 8 im Text.

B Welche Gefühle bewegen Rhiannon bei dem ersten Gespräch mit A/Justin? Nenne mindestens drei Adjektive, die ihre Gefühle passend beschreiben.

____

C Welchen Unterricht lassen A/Justin und Rhiannon ausfallen? Kreuze die richtige Antwort an und nenne die entsprechende Zeile aus dem Text als Beleg.

Rhiannon schwänzt Englisch und A/Justin Biologie. ☐
Rhiannon schwänzt gar nicht und A/Justin Biologie. ☐
A/Justin schwänzt gar nicht und Rhiannon Englisch. ☐
Beide schwänzen nicht, sie haben bereits schulfrei. ☐

Zeile: __________

D A/Justin verhält sich an diesem Tag ganz anders, als Rhiannon es sonst von ihm gewohnt ist. Welche Unterschiede beobachtet sie? Stelle die Verhaltensweisen von A und Justin stichwortartig in einer Tabelle gegenüber.

So verhält sich A als Justin:	So verhält sich Justin sonst:

E Wie lange sind Rhiannon und Justin bereits ein Paar? Kreuze die richtige Antwort an.

seit ein paar Wochen	☐	seit ein paar Monaten	☐
seit etwas weniger als einem Jahr	☐	seit mehr als einem Jahr	☐

F Beschreibe, was A/Justin und Rhiannon am Strand unternehmen.

____

____

____

____

____

G „Justins Gesicht ist wie ein offenes Buch." (Z. 116–117) Erkläre, was mit diesem sprachlichen Bild gemeint ist.

____

____

____

H Erkläre, warum Rhiannon am Ende des Romanauszugs weint.

____

____

____

I ⊖ Wie verhält sich Rhiannon in der Gegenwart von A/Justin? Beschreibe ihr Verhalten und erläutere, worauf du das zurückführst.

____

____

____

____

3 Du erhältst mit diesem Romanauszug weitere Einblicke in die Figur von Rhiannon. Ergänze diese neuen Informationen in dem Steckbrief, den du bereits für Rhiannon angelegt hast (vgl. Schülerband, Seite 15, Aufgabe **5**).

4 Welche Gedanken und Gefühle könnten A durch den Kopf gehen, als Rhiannon anfängt zu weinen? Schreibe einen inneren Monolog aus seiner Sicht. Nutze dazu den *Leitfaden: Einen inneren Monolog schreiben (V/VI).*

→ Gehe in deinem Text darauf ein, wie A die Tränen von Rhiannon beurteilt und worauf er sie zurückführt. Berücksichtige dabei, wie er Rhiannon an diesem Nachmittag wahrgenommen hat.

Einen Dialog schreiben

1 Betrachte das Bild: Inwiefern hat sich Rhiannon durch den Nachmittag am Strand verändert? Kannst du das nachvollziehen? Notiere deine Ergebnisse.

____

____

____

____

____

2 Erschließe den zweiten Romanauszug mithilfe der Lesemethode für erzählende Texte.

2. Kapitel

(Fortsetzung)

Nach ihrem gemeinsamen Nachmittag hat A Rhiannon nach Hause gebracht. Kurz vor Mitternacht ruft er sie an, um sich noch einmal von ihr zu verabschieden. Dabei sagt er ihr, dass sie nicht erwarten soll, dass in Zukunft jeder Tag so sein würde. Rhiannon verwirrt das zwar, verabschiedet sich aber trotzdem von ihm mit den Worten „Ich liebe dich."

Wie üblich ist Mom vor mir aufgestanden und hat den immer gleichen Platz am Küchentisch besetzt. Sie scheint zu fürchten, dass Dad oder ich ihr den Platz wegnehmen, wenn sie nicht vor uns da ist – und wenn der Platz weg wäre, wo sollte sie dann den restlichen Tag verbringen? „Hübsch siehst du aus", sagt sie. Was ein Kompliment wäre, wenn es nicht so argwöhnisch klänge. Ich erkläre ihr nicht, dass ich mich extra hübsch gemacht habe, weil es das eintägige Jubiläum von Alles-wird-besser ist. „Ich muss ein Referat halten", sage ich. „Für einen Kurs." Wie immer wird sie nicht nachfragen, was für ein Referat es ist und für welchen Kurs. Ungeduld. Ich will so früh wie möglich in der Schule sein und ihn sehen. Hoffentlich geht es ihm genauso. Ich könnte ihm eine SMS schreiben und danach fragen, aber wenn die Dinge sich ändern sollen, muss ich bei mir anfangen. Ich muss nicht immer alles wissen. Mom und ich reden noch weiter miteinander, aber weder sie noch ich hören richtig zu. Ich will gehen, und sie will bleiben. Das eine ist mein Leben, das andere ihres.

Ich muss den Bus nehmen, weil mein Auto noch auf dem Schulparkplatz steht. Ich könnte Rebecca oder jemand anderen bitten, mich mitzunehmen, aber dann müsste ich die ganze Fahrt lang reden, statt nachzudenken.

Sein Auto ist nirgends zu sehen, als ich aus dem Bus steige. Er kreuzt erst auf, als fast alle anderen schon geparkt haben. Aber diesmal sieht er, dass ich auf ihn warte. Kommt zu mir. Sagt guten Morgen. Ich gebe mir alle Mühe, ihn nicht mit meinem Glück zu bombardieren. Es ist noch früh am Morgen, und er kriegt kaum die Augen auf. „Und, willst du nicht doch abhauen?", frage ich, nur um ein bisschen von gestern ins Heute hinüberzuziehen. Er sieht mich verdutzt an. „Machst du Witze?" „Man wird doch wohl träumen dürfen, oder?" „Was soll's." Er marschiert los und geht davon aus, dass ich mit ihm Schritt halte. Was ich auch tue. Okay, kapiert. So halbwegs jedenfalls. Da wir heute nicht schon wieder schwänzen können, ist es vermutlich am besten, es gar nicht erst als Möglichkeit in Betracht zu ziehen. Sonst kommt uns alles, was wir heute noch so tun, im Vergleich läppisch vor. Ich fasse nach seiner Hand. Sie bleibt schlaff. „Was ist denn in dich gefahren?", fragt er. Gestern, würde ich gern sagen. Aber so stur, wie er geradeaus schaut, ist das wohl nicht der richtige Zeitpunkt. Er will offenbar nicht mal meine Antwort auf seine Frage hören. Läuft einfach weiter.

Ich sage mir, das da ist nicht der stinksaure Justin, es ist der verlorene Justin. Anders kann es nicht sein. Jemanden, der sich verirrt hat, der verloren gegangen ist, stellt man sich normalerweise im Wald oder an einem ähnlichen Ort vor. Aber bei Justin sehe ich einen Unterrichtsraum vor mir. Er hat keine Lernschwäche oder so was in der Art. Das wäre ja ein guter Grund. Aber nein. Ihm ist einfach langweilig. Deshalb lässt er alles an sich vorbeirauschen. Und das macht es nur noch schlimmer und seinen Hass auf das Ganze nur noch größer. Ich versuche im Kopf, am Strand zu bleiben. Während die Lehrer labern, und auch als Justin und ich zwischen erster und zweiter Stunde kaum ein Wort wechseln, halte ich mir vor Augen, wie es war. Ich verwandle mein Hirn in eine Zeitmaschine, weil ich es sonst nicht aushalte.

3 Überprüfe dein Textverständnis, indem du folgende Aufgaben bearbeitest. Beachte den **TIPP** auf Seite 14 im Schülerband.

A Beschreibe das Verhältnis zwischen Rhiannon und ihrer Mutter.

____

____

B Erläutere, warum Rhiannon den Tag am Strand „Alles-wird-besser"-Tag nennt.

____

____

C Beschreibe das Wiedersehen von Justin und Rhiannon. Was hat sich verändert?

____

____

____

D Weshalb glaubt Rhiannon, dass Justin „sich verirrt hat" und „verloren gegangen ist" (Z. 36)? Erkläre.

____

____

____

E „Ich verwandle mein Hirn in eine Zeitmaschine." (Z. 43–44) Erkläre, was Rhiannon damit meint.

____

____

____

Als Rhiannon wieder zu Hause ist, möchte die Mutter wissen, wie es ihr heute in der Schule ergangen ist. Rhiannon möchte ihr gerne das Herz ausschütten und ihr erzählen, wie sich Justin heute verhalten hat und was wohl die Gründe dafür sind. Sie erhofft sich einen Rat von ihrer Mutter, wie sie mit dieser Situation umgehen soll. Verfasse diesen Dialog zwischen ihnen.

4 **a)** Erarbeite die Aufgabenstellung oben: Markiere dazu wichtige Schlüsselwörter.
b) Informiere dich im *Leitfaden: Einen Dialog verfassen (III/IV)*, was du beim Schreiben beachten musst.
c) Versetze dich in Rhiannon und beantworte stichwortartig folgende Fragen mithilfe des Textes auf den Seiten 10–11:
- Mit welcher Erwartung ist Rhiannon zur Schule gegangen?
- Wie hat sie die Situation erlebt, als ihr Justin wiederbegegnet ist?
- Wie erklärt sie sich sein Verhalten?
- Was bereitet ihr Sorgen in dieser Situation?
- Welchen Rat erhofft sie sich?

d) Versetze dich dann in die Mutter. Überlege:
- Was könnte sie von Rhiannon wissen wollen?
- Welche Rückschlüsse könnte sie aus ihren Aussagen ziehen?
- Was könnte sie von Justin halten? Welchen Rat könnte sie ihrer Tochter geben?

Mache dir auch dazu stichwortartig Notizen.

→ Beachte dabei, was du über den Charakter der Mutter erfahren hast. Wie ist das Verhältnis zwischen Mutter und Tochter? Ziehe daraus Schlussfolgerungen für ihren Umgang mit dieser Situation.

e) Schreibe mithilfe deiner Vorarbeit den Dialog in deinem Heft. Beachte dabei die Hinweise im *Leitfaden: Einen Dialog schreiben (III/IV)*. So kannst du beginnen:
Nach dem wunderbaren Tag am Strand verhält sich Justin in der Schule wieder ... Als Rhiannon nach der Schule wieder zu Hause ist, möchte ihre Mutter von ihr wissen ... Rhiannon entschließt sich zögerlich ...

Einen Sachtext erschließen und seine Kernaussage ermitteln

1 **a)** Betrachte die beiden Fotos: Welcher extreme Trend kommt darin zum Ausdruck?

b) Mache dir stichwortartig Notizen: Was weißt du bereits über diesen Trend? Worauf könnte er zurückgehen? Mit welchen positiven oder negativen Auswirkungen könnte er verbunden sein?

c) Schau dir die Überschrift des Textes (S. 13–15) an und überfliege ihn: Worum könnte es gehen? Formuliere W-Fragen, auf die der Text Antworten geben könnte.

d) ⊖ Formuliere auf Grundlage deiner Fragen Hypothesen zu möglichen Antworten, die im Text enthalten sein könnten. Beachte dazu den **TIPP** im Schülerband auf Seite 134 (Hinweis 2b). Schreibe in dein Heft.

e) Lies den Text gründlich. Unterstreiche unbekannte Begriffe mit einer Wellenlinie.

Schönheitswahn und Profit: Die Kultur der Selbstoptimierung

Peter Holzwarth, Dozent für Medienbildung, Pädagogische Hochschule Zürich

[...] Im Internet findet man eine Karikatur von Wilcox: Eine Frau im Bikini betrachtet sich in einem großen Spiegel, neben ihr steht eine angezogene Frau. Die Bikiniträgerin fragt: „Welchen Teil würdest du als Erstes verändern?" Die Angezogene antwortet mit verschränkten Armen: „Die Kultur". Es kommt zum Ausdruck, dass das eigentliche Problem nicht in der Abweichung vom Schönheitsideal liegt, sondern in den gesellschaftlichen Normen und Werten: Frauen und zunehmend auch Männer werden dazu motiviert, Selbstoptimierung in Bezug auf den eigenen Körper zu betreiben – und wie das folgende Zitat deutlich macht, profitieren viele Anbieter wirtschaftlich von dieser Kultur: [...] „Wenn alle Frauen dieser Erde morgen früh aufwachten und sich in ihren

Körpern wirklich wohl und kraftvoll fühlten, würde die Weltwirtschaft über Nacht zusammenbrechen." (Laurie Penny, Fleischmarkt, 2012). Diätprodukte, Fitnessprogramme, Sportgeräte, Schlankheitspillen, Selbsthilfebücher, Schlankheitsgürtel, Plastische Chirurgie, Abnehm- und Fitness-Apps ... es wird mit dem medial propagierten Bedürfnis nach einem schlankeren, muskulöseren Körper extrem viel Geld verdient. In gewisser Weise wird ein Problem konstruiert, um dann auch gleich die Lösung anbieten zu können: „Die Betrachterin/Käuferin wird dazu veranlasst, sich selbst als diejenige zu beneiden, die sie wird, wenn sie ein bestimmtes Produkt kauft. [...] Das Reklamebild stiehlt ihr die positive Einschätzung ihres Selbst, ihr Selbstvertrauen, um es ihr gegen den Preis der Ware wieder anzubieten." (John Berger, Sehen, 1996). [...]
Historisch betrachtet, bezog sich das Schönheitsideal immer auf den Aspekt der Unerreichbarkeit. In einer Gesellschaft, in der Nahrung einen Mangel darstellt und nicht allen zugänglich ist, kann sich Körperfülle als Schönheitsideal etablieren. In einer Gesellschaft wie der unsrigen, in der sich jeder Mensch Essen in Fülle leisten kann und Dick-Sein so gut wie nichts kostet, wird Schlankheit zum raren Gut. Über das schwer Erreichbare kann Profit gemacht werden.

Ein weiteres Beispiel: Auf dem Gemälde „Sonntagsspaziergang" von Carl Spitzweg (1841) sieht man Menschen mit Sonnenhüten und Sonnenschirmen durch ein Kornfeld spazieren. Die Darstellung entstammt einer Zeit, in der eine gebräunte Haut den niedrigen sozialen Status derer symbolisierte, die im Freien unter der Sonne arbeiten mussten. Die statushöhere Bevölkerung wollte Bräunung verhindern. Heute steht Sonnenbräune für etwas Positives. Man bringt mit ihr zum Ausdruck, dass man sich Flugreisen in den Süden und Freizeitaktivitäten im Freien finanziell und zeitlich leisten kann. [...]
Der Körper stellt einen Ort dar, an dem Status und Identität verhandelt und kommuniziert werden. Für viele Menschen ist der Körper auch ein zentraler Aspekt der Entwicklung von Selbstwertgefühl. Auch auf dem Partnermarkt spielt die Nähe zum gängigen Schönheitsideal eine große Rolle. Neben den üblichen Schönheitsidealen werden auch immer wieder spezielle „Körper-Hypes" etabliert. Ihre Liste ist lang: „Waschbrettbauch"/„Sixpack" (man soll sichtbare, mehrfach gewölbte Bauchmuskulatur haben), „Size Zero" (man soll eine extrem kleine Kleidergröße haben), „Thigh Gap" (eine Oberschenkellücke soll sichtbar sein), „Bikini Bridge" (der Bund soll an den Hüftknochen anliegen und nicht den Bauch berühren), „Ab Crack" (eine Spalte im Bauch soll sichtbar sein), „Bellybutton Challenge" (mit dem Arm hinter dem Rücken entlangreifend den Bauchnabel berühren können), „Collarbone Challenge" (Münzen auf dem Schlüsselbein als Beweis für Schlankheit), „DIN-A4 Body Challenge" (eine Taille haben, die nicht breiter als ein DIN-A4-Blatt ist).

Noch einmal die Frage: Welchen Teil würdest du als Erstes verändern? Noch einmal die Antwort: „Die Kultur". Wer also versucht die Kultur zu verändern? Das „Body Positive Movement" ist eine Bewegung, die einen positiven und gesunden Umgang mit dem eigenen Körper propagiert – trotz Abweichungen vom gängigen Schönheitsideal. Die Künstlerin Frances Cannon ist beispielsweise mit Zeichnungen auf Instagram aktiv. Sie propagiert Selbstakzeptanz und Selbstliebe in Bezug auf den eigenen, nicht perfekten Körper. Ihre Figuren entsprechen nicht dem gängigen Schlankheitsideal und sind oft unrasiert. Und doch lieben sie sich selbst und akzeptieren sich gegenseitig. Unterschiedliche Kampagnen von Firmen haben sich bereits dafür eingesetzt, Schönheitsideale und Geschlechterstereotype zu kritisieren und zu durchbrechen (z. B. die Dove-Filme „Evolution" und „Onslaught", sowie „Always #LikeAGirl – Unstoppable"). Wird hier ein wichtiger gesellschaftlicher Beitrag geleistet oder geht es letztendlich nur um weitere Umsatzmaximierung? [...]

In einer Zeit, in der bereits Kinder genau wissen, was an ihrem Körper defizitär ist und geändert werden müsste, hat die US-amerikanische Fotografin Wendy Ewald ein Pro-

jekt entwickelt: „The best Part of me“. Kinder und Jugendliche fotografieren ihren Lieblingskörperteil und schreiben einen lyrischen Text dazu, der ihre Selbstwertschätzung zum Ausdruck bringt. [...]
Projektideen wie diese können uns der Utopie von Laurie Penny einen Schritt näher bringen: Menschen, die sich wohlfühlen in ihren Körpern. In Anbetracht der Tatsache, dass die Kultur der Selbstoptimierung viel menschliches Leid produziert (auch Essstörungen und Körperselbstwahrnehmungsstörungen), wäre es den Umsatzrückgang in der Beauty-Industrie wohl wert. Politiker, Pädagogen, Werbetreibende, Journalisten, Eltern, Models, Künstler und Fotografen sind gefragt, aber auch jede einzelne Frau und jeder einzelne Mensch.

2 Erschließe die Bedeutung der unbekannten Wörter (**TIPP** im Schülerband, Seite 134, Hinweis 3).

3 **a)** Lies den Text nun ein zweites Mal. Achte dabei auf zentrale Informationen und unterstreiche diese Schlüsselstellen. Mache dir in der Randspalte Notizen.
b) ⊖ Erläutere in deinem Heft, ob sich deine Hypothesen als richtig oder falsch erwiesen haben (**TIPP** im Schülerband, Seite 134, Hinweis 5).

4 Gliedere den Text in Sinnabschnitte. Notiere zu jedem Abschnitt eine passende Überschrift am Textrand.

5 Fasse unter den Überschriften die wichtigsten Informationen in eigenen Worten zusammen. Orientiere dich an deinen Markierungen und Randnotizen.

6 Bearbeite mithilfe deiner Vorarbeit die folgenden Aufgaben zum Textverständnis:
a) In den Zeilen 1 bis 7 bezieht sich der Autor auf eine Karikatur. Kreuze an, was diese seiner Beschreibung nach zum Ausdruck bringt.

A Die Karikatur kritisiert, dass viele Frauen nicht in einen Bikini passen. ☐
B Die Karikatur kritisiert Frauen, weil sie einem Schönheitsideal entsprechen wollen, dem sie nie gerecht werden können. ☐
C Die Karikatur kritisiert Frauen, denen es egal ist, wie sie aussehen. ☐
D Die Karikatur kritisiert die Gesellschaft, weil sie von Frauen erwartet, ihren Körper dem Schönheitsideal anzupassen. ☐

b) Erkläre, was der Autor damit meint, wenn er von einer „Kultur der Selbstoptimierung“ spricht.

____

____

____

c) Erläutere, wer von dieser Kultur profitiert. Nenne dazu die entsprechenden Zeilen im Text.

____

____

____

d) Erläutere, welche Rolle die Werbung in dieser Kultur spielt.

____

____

e) Im Text heißt es, dass sich „das Schönheitsideal immer auf den Aspekt der Unerreichbarkeit" (Z. 20–21) bezieht. Erkläre diesen Zusammenhang anhand von Beispielen aus dem Text.

____

____

____

____

f) ⇨ „Der Körper stellt einen Ort dar, an dem Status und Identität verhandelt und kommuniziert werden." (Z. 33–34) Erläutere mit eigenen Worten, was damit gemeint ist. Du kannst dazu auch eigene Erfahrungen einbeziehen.

____

____

____

____

g) Beschreibe, was laut Text das Ziel von „Body Positive Movement" ist.

____

____

____

7 Ziehe Schlussfolgerungen aus dem Text und formuliere die Kernaussage. Gehe dabei so vor, wie im **TIPP** auf Seite 28 im Schülerband beschrieben.

____

____

____

____

8 Welchen Standpunkt vertritt der Verfasser hinsichtlich der „Kultur der Selbstoptimierung"? Kreuze die passende Antwort an:

A Sie verursacht viel Leid. Daher sollte die Macht der Beauty-Industrie, die dafür verantwortlich ist, begrenzt werden. ☐

B Sie ist wichtig für die Weltwirtschaft. Deshalb darf sie nicht ganz abgeschafft werden. ☐

C Sie ist nur eine Phase, die bald wieder vergessen ist und daher nicht überbewertet werden sollte. ☐

Eine dialektische Erörterung verfassen

Seit einiger Zeit gibt es den Trend zu „Body Positivity“, mit dem man ein Zeichen gegen unrealistische und ungesunde Schönheitsideale setzen möchte. Erörtere die Vor- und Nachteile, die mit diesem Trend verbunden sind. Verwende dazu die Zeitungsartikel M1 und M3 als Grundlage deiner Erörterung. Beziehe auch die Grafik (M2) in deinen Aufsatz ein. Begründe deine Meinung.

1 Plane deine Erörterung. Lege dazu in deinem Heft einen Schreibplan an (s. Schülerband, Seite 41) und fülle ihn aus:

a) Erschließe die Aufgabe im blauen Kasten und die Materialien (M1–M3).

b) Benenne den strittigen Sachverhalt.

____

c) Formuliere anhand der Aufgabenstellung eine Frage zu den beiden gegensätzlichen Standpunkten, die es zu dem Sachverhalt gibt (pro und contra).

____

____

d) Welche inhaltlichen Aspekte unterstützen jeweils den Standpunkt für und gegen den Trend „Body Positivity“? Markiere sie in den Materialien M1 bis M3 (Seite 18–21).

e) Lege dir in deinem Heft eine Tabelle an und trage auf Grundlage der Materialien Behauptungen für und gegen den Trend „Body Positivity“ ein.

Pro-Standpunkt: ...	Contra-Standpunkt: ...
...	...

f) Ergänze Behauptungen, die nicht in den Materialien enthalten sind.

g) Bilde dir nun eine eigene Meinung und lege den Standpunkt fest, den du in deiner Erörterung vertreten willst. Notiere ihn in deinem Schreibplan.

h) Gewichte deine Behauptungen nach ihrer Relevanz und ob sie inhaltlich aufeinander abgestimmt sind. Verteile dazu Überzeugungspunkte.

i) Wähle für jeden Standpunkt drei Behauptungen aus und trage sie in der richtigen Reihenfolge in deinen Schreibplan ein.

j) Entwickle deine Behauptungen zu vollständigen Argumenten. Nutze dazu auch die Materialien.

k) Überlege dir, wie du deine Erörterung einleiten möchtest. Ergänze Stichworte zur Darstellung des strittigen Sachverhalts in deinem Schreibplan.

l) Wie willst du deine Erörterung beenden? Mache dir Notizen in den letzten beiden Zeilen des Schreibplans.

2 Schreibe einen Entwurf deiner Erörterung in dein Heft. Beachte dazu den *Leitfaden: Eine dialektische Erörterung schreiben (I/II).*

3 Überprüfe deinen Entwurf mithilfe des *Leitfadens: Eine dialektische Erörterung schreiben (I/II)* und überarbeite ihn. Schreibe ihn noch einmal sauber ab.

M1 Liebe Deinen Körper, wie er ist!

Laura-Nadin Naue

Wer definiert, was schön ist und was hässlich? Vor allem in den USA setzen sich Frauen seit Jahren dafür ein, dass angebliche Makel vollkommen in Ordnung sind. Dafür zeigen sie sich mit Speckrollen, Hängebusen, behaarten Beinen oder Cellulite. „Body Positivity" nennt sich die Bewegung. Sie plädiert für Körperakzeptanz oder auch Selbstliebe. Mittlerweile hat die Bewegung auch Deutschland erreicht.
Die Hamburgerin Melanie Jeske leitet eine PR-Agentur. Darüber hinaus postet sie unter dem Namen „Melodie Michelberger" regelmäßig Fotos von sich auf ihrem Instagram-Account. Mit ihren 42 Jahren und der Kleidergröße 42 ist sie ungewöhnlich alt und rund für ein Modell. Allerdings zeigten Magazine wie „Brigitte" oder „Neon" Fotos von ihr in Unterwäsche, die „emotion" wählte ein Foto von ihr für ein Titelbild im Herbst 2018 aus. Durch ihre Arbeit in den Medien wurde Jeske nach und nach eine Vorkämpferin von Body Positivity. Sie erklärt, dass die Bewegung alle Menschen ansprechen soll, „sich in ihrem Körper wohlzufühlen." [...]
Die erste Hürde für das Körperbewusstsein erleben Heranwachsende in der Pubertät. Die Brüste wachsen, der Stimmbruch setzt ein, die Körperformen definieren sich. Vor allem Mädchen beobachten sich selbst kritisch. [...] Melanie Jeske erinnert sich bis heute an den Moment, als ihr zum ersten Mal gesagt wurde, sie sei zu dick. Sie war gerade 11 Jahre alt, stand in einem weißen Badeanzug auf einem Badesteg, als ein Junge zu ihr sagte: „Du schiebst aber auch eine ganz schöne Wampe vor dir her." Sie meint, „da fing das eigentlich an. Dass ich auf einmal merkte, okay, so kann es nicht weitergehen. Also ich muss dünn sein, sonst klappt das mit den Jungs auch nicht." Ab dann hieß es: dünn werden – bis zur Magersucht. Der Weg zur Body Positivity beginnt für Jeske mit einem Zusammenbruch. Nach der Häme über ihren Bauch in dem weißen Badeanzug setzt sie sich auf Diät. Zusätzlich treibt sie exzessiv Sport. Dann kommt der Burnout. Da habe sie angefangen, auf andere Sachen zu schauen, erklärt sie, auf alles, was sie und damit auch ihr Körper geleistet habe. Und so habe sie „mit ihrem Körper Frieden geschlossen".
In der Zeit macht Jeske die Pressearbeit für ein Modelabel, das Bademode für alle Größen herstellt: von 34 bis 56. Für eine Fotostrecke schlägt sie vor, verschiedene Körpertypen auszuwählen. Und auch sie selbst steht in einem kupferfarbenen Badeanzug vor der Kamera. Verschiedene Zeitungen und Magazine loben die Kampagne. Sie beglückwünschen Jeske zu ihrem Mut. Die hat mit allen möglichen Reaktionen gerechnet, aber von diesen Glückwünschen ist sie überrascht. [...]
In Hornburg, rund 30 Minuten von Braunschweig entfernt, sitzt die 29-jährige Louisa Dellert mit ihrem Laptop in ihrer Wohnung. Sie ist sportlich-schlank, trägt Jeans, einen schlichten Pullover, ihre blauen Augen blitzen unter ihrem braunen Pony. Dellert hat eine radikale Wende in ihrem Leben hinter sich. „Ich habe mich vor fünf Jahren auf Instagram angemeldet und hab mich damals zu dick gefühlt." Dellert zeigt alte Bilder von sich. Ihr Ziel waren ein Sixpack, ein fester Hintern, tolle Beine und keine Cellulite. Auf 1,63 Metern wog sie damals 55 Kilo – und fühlte sich im Vergleich zu den Frauen der anderen Accounts damit zu dick. Durch die anderen Accounts bekommt sie die erhoffte Motivation, allerdings in einer selbstzerstörenden Form. Bis zu dreimal am Tag macht Dellert Sport. Sie zählt akribisch Kalorien und schreibt täglich ihr Gewicht auf. Sie sei immer dünner geworden, erzählt sie. „Das haben die Leute total gefeiert." Schließlich hungert sich Dellert auf 46 Kilo herunter. Auch dafür bekommt sie positive Rückmeldungen. „Je mehr ich abgenommen habe und je mehr Muskeln man gesehen hat, umso mehr Likes habe ich bekommen, umso mehr Follower sind dazugekommen und Kommentare habe ich bekommen." [...]

Doch ihr Körper fängt an zu streiken. Er kann nicht noch mehr arbeiten. Mehrfach verliert sie beim Sport das Bewusstsein. Ein Arzt findet schließlich heraus, dass sie ein Loch in der Herzklappe hat. Sie wusste das bislang nicht. „Der exzessive Sport, das wenige Essen haben meinem Körper den Rest gegeben. Mein Herz konnte das nicht mehr verarbeiten." Sie muss operiert werden. Im Anschluss an die Operation darf sie für sechs Monate keinen Sport mehr machen. Es sei gut, dass das so passiert sei, sagt Louisa Dellert heute. In der aufgezwungenen Sportpause fängt sie an, über die vergangenen Monate nachzudenken. Und sie beginnt, ihren Körper anzunehmen. Irgendwie habe sich ein Schalter umgedreht. „Und da habe ich gemerkt, dass man sich nicht so für andere Menschen verbiegen sollte." [...]

Melanie Jeske weiß, dass sie sich mit ihrem Körperumfang noch in einem Graubereich befinde, in einem Rahmen, den die Gesellschaft akzeptiere. Sie nennt das „acceptable fat". Doch gibt es eine Grenze? Eine britische Ausgabe der Cosmopolitan zeigte im Herbst Tess Holliday im Badeanzug auf dem Cover. Holliday wiegt auf 1,65 Metern rund 120 Kilo, was einen BMI von über 40 bedeutet. Laut einer Definition der Weltgesundheitsorganisation entspricht dieser BMI der Adipositas, starkem Übergewicht. Kann Holliday damit ein Vorbild sein? Melanie Jeske kennt diese Kritik. Sie rät, genau hinzuschauen und zu differenzieren. „Eine ganz schlanke Person kann auch krank sein und ebenso eine sehr dicke Person. Aber Gesundheit hat so viele Aspekte." [...]

Die meisten Follower reagieren positiv auf die ehrlichen Bilder der beiden Frauen. Es gibt aber auch gegenteilige Reaktionen. Viele wohlwollende, aber eben auch negative Kommentare hat Melanie Jeske zu einem Bild bekommen, bei dem der Schriftzug „More than a body" auf ihrem Bauch steht. Aber Jeske meint, sie habe gelernt, damit umzugehen. „Es prallt tatsächlich an mir ab." Louisa Dellert überlegte eine Zeitlang, sich bei Instagram abzumelden. Doch sie ist geblieben. Durch ihren Wandel hat sie einige Follower verloren und dafür andere dazugewonnen. Sie gibt aber auch zu, dass der Druck der Social-Media-Gemeinschaft durchaus hart sei.

Sowohl Melanie Jeske als auch Louisa Dellert fühlen sich nicht an jedem Tag danach, sich in Unterwäsche zu zeigen. Aber sie zeigen Präsenz in sozialen Medien und in Zeitschriften, um mehr Bewusstsein für Body Positivity zu schaffen. Noch sei das in Deutschland ein Nischenthema, sagt Jeske. Sie wünscht sich, dass es selbstverständlich wird, verschiedene Körpertypen zu zeigen. Manche Frauen würden ihr Nachrichten schicken: Wie sehr ihnen die Fotos helfen würden, ebenfalls eine positivere Einstellung zu ihrem Körper zu bekommen.

M2

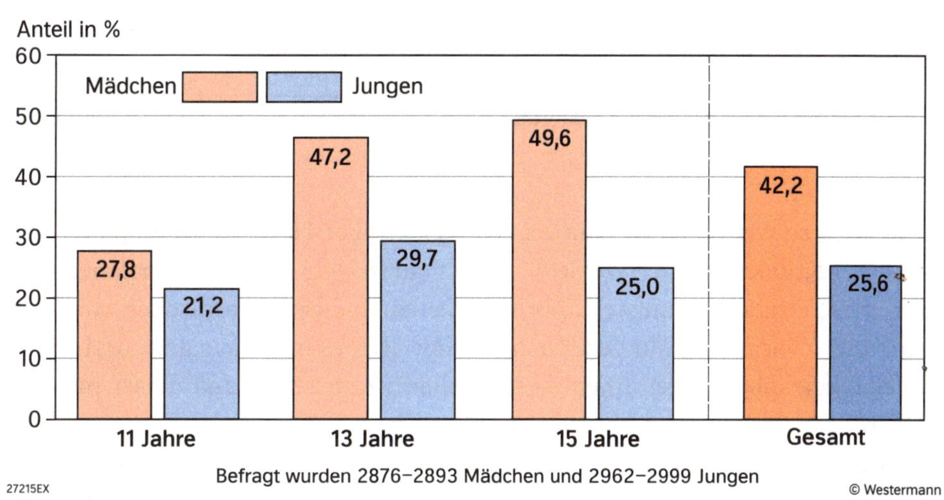

Körperempfindung als ein wenig oder viel zu dick nach Alter und Geschlecht (in %) / Quelle: HBSC-Studienverbund Deutschland (2015)

M3 Warum ich als Plus-Size-Frau ein Problem mit Body Positivity habe

Rea Mahrous

Plus-Size-Modell Tess Holliday ist 1,65 m groß und wiegt 117 kg (Kleidergröße 52)

Wenn ich im folgenden Text von dicken Menschen spreche, dann meine ich wirklich dicke Menschen. Ich meine keine Ashley Graham, die sich mit Größe 44/46 grazil in Bademode räkelt und ihren Körper mit einem professionellen 5-Mal-die-Woche-Trainingsplan rund und fit hält. Und ich meine auch keine Barbara Schöneberger[1], die mit ihren Kurven und einem No-Make-up-Look versucht, den Frauen ein realistischeres Spiegelbild zu geben. Nein, ich meine Menschen, bei denen das Übergewicht gesundheitsgefährdende Ausmaße annimmt. Menschen, die bei 1,65 Meter Körpergröße 90 Kilo wiegen, von denen 75 Prozent nicht Muskelmasse, sondern Fettanteil sind.
Body Positivity hat eine noble Absicht, verliert meiner Meinung nach jedoch einen wesentlichen Aspekt aus den Augen: die Gesundheit. Ich falle selbst in die „Plus Size"-Kategorie und verstehe und unterstütze die Absicht, Frauen, die keine 34er-Figur haben, repräsentieren, emporheben und zelebrieren zu wollen. Es geht darum, ihnen eine Plattform zu bieten, sich im Mainstream wiederzuerkennen. Das alles ist richtig und wichtig. Allerdings sollte der Fokus doch weiterhin auf einem gesunden Lebensstil liegen. Viele schreien bei diesem Einwand auf: Immer dieser Deckmantel der Gesundheit, dabei kenne man nie die ganze Geschichte einer fremden Person. Und sowieso solle man doch eigentlich nicht nur mit dem Finger auf Dicke zeigen. Vielleicht ist das Übergewicht krankheitsbedingt. Vielleicht geht es der Person sogar trotzdem gut, sie ist fit und hat keinerlei Beschwerden. Das mag auf eine Gruppe von adipösen Menschen zutreffen, es gibt jedoch keine Belege dafür, dass das für die Mehrzahl gilt. Vielleicht also alles auch ein bisschen Selbstverarsche? [...]
Sven Stockrahm schrieb 2016 in der ZEIT „Schönheitsideal und gesundes Gewicht sind nicht dasselbe". Dass wir uns im 21. Jahrhundert endlich für die Sichtbarmachung von mehr als nur einem einzigen, unrealistischen Schönheitsstereotyp einsetzen, ist wahrlich nobel, wenn auch längst überfällig. Allerdings darf das nicht auf Kosten der Gesundheit gehen. Es muss doch einen Mittelweg geben zwischen „In Paris kennt man nur Size Zero" und „ALLES ist erlaubt und schön und gut". In Deutschland ist aktuell ein Viertel aller Frauen adipös, also krankhaft übergewichtig. Das führt nicht selten zu zahlreichen Nebenerscheinungen und chronischen Krankheiten: Diabetes, Herzprobleme, Bluthochdruck, hohe Cholesterin- und Leberwerte, Kopf-, Gelenk- und Gliederschmerzen, Depressionen, Angstzustände, Hautunreinheiten, die Liste könnte noch lange so weitergehen. Laut einer im Dezember 2016 veröffentlichten Studie der Techniker Krankenkasse leidet jede vierte Frau in Deutschland an ernährungsbedingten Herz-Kreislauf-Störungen, 15 Prozent leiden an einer chronischen Stoffwechselerkrankung. Zwischen gesundem Übergewicht, was es durchaus gibt, und krankhafter Fettleibigkeit gibt es also einen wesentlichen Unterschied und dieser muss benannt werden.
Wenn ich mich so in meinem weiteren Verwandten- und Freundeskreis umschaue, dann sind die wenigsten übergewichtigen Menschen wirklich gesund, geschweige denn übergewichtig durch „höhere Gewalt". Gefühlte 95 Prozent dieser Menschen mögen einfach keinen Sport, oder nicht genug, dafür essen sie umso lieber. Auf die Ge-

[1] deutsche Moderatorin

sundheit wird dabei nur in akuten Fällen geachtet, denn wer kann schon mit Mitte Zwanzig oder Dreißig abschätzen, wie sich verstopfte Arterien oder kaputte Knochen anfühlen?

Jetzt könnte man argumentieren, „Muss denn wirklich jeder gesund leben?“ Meine Antwort: Muss nicht. Dann hätte die Krankenversicherung allerdings auch das Recht, durch Eigenverschulden krankhaft dicken Menschen doppelt so hohe Beiträge abzuverlangen. Freiwillige vor.

Vor vier Jahren war ich selbst noch sportlich und schlank, seit dem habe ich ungesund zugenommen. Das lag einerseits tatsächlich an gesundheitlichen Komplikationen, Hormonstörungen, späten Diagnosen, falschen Medikamenten. Andererseits aber ehrlicherweise auch an fehlender Disziplin und einer untragbaren Mentalität des sich Gehen Lassens: das Studium, das ich großteilig im Sitzen verbrachte, der erste richtige Job, auch im Sitzen, der mich dazu verführte zu glauben, ich hätte plötzlich keine Zeit mehr für Sport. Alles Quatsch. Und nun, siehe da, wiege ich so viel, dass mir ärztlich vom Halbmarathontraining abgeraten wird, weil es meinen Knochen langfristig schaden würde. Stattdessen solle ich lieber schwimmen und behutsam bankdrücken. Ich bewege mich allgemein noch immer gerne und viel. Allerdings ist mein Körper spürbar schwerfälliger geworden. Ich merke meinen Puls schneller als zuvor, fange schneller an zu schwitzen, komme schneller aus der Puste. Und ich weiß, dass es nicht nur mir so geht. […]

Wenn ich nun jüngeren Frauen begegne, die schon im Teenager-Alter stattliche 150 Kilo auf die Waage bringen, dann bin ich die Letzte, die ihnen ein schlechtes Gewissen machen wird. Natürlich ist jeder Mensch schön. Wer jedoch durch eigenes Handeln geradezu auf die Fettleibigkeit zusteuert, vor dem*der brauche ich auch nichts schönzureden. Ich muss beileibe nicht jede Mahlzeit kommentieren oder Menschen aufgrund ihres Gewichts demütigen, ich muss einer fettleibigen Person aber auch nicht einreden, dass es keinen Anlass zur Sorge gebe. Denn meist endet Adipositas in einem altbekannten Teufelskreis: ungesunde Ernährung, fehlende Bewegung, Frust als Folge, Essen als Kompensationsmaßnahme, noch mehr Frust, noch mehr Gewicht. Diesen Zyklus bricht man nicht mit Body Shaming und auch nicht mit demütigenden Kommentaren. Allerdings bricht man ihn auch nicht mit vermeintlicher Body Positivity und einem #EffYourBeautyStandards-Hashtag, der Mädchen und Frauen mit Übergewicht suggerieren soll, alles sei fein, so wie es ist.

Stattdessen sollte mit Bildung, Informationsportalen und Präventionsmaßnahmen dafür gesorgt werden, dass die Gesundheit im Vordergrund steht. Denn dass gesundes Essen gar nicht immer teuer oder aufwändig sein muss, wissen vermutlich viele. Alles, was dann noch dagegen spricht, ist die Bequemlichkeit. […]

Für mich verhält es sich mit der Body Positivity außerdem ein bisschen wie mit dem Feminismus. Und gerade deshalb liegt es mir schwer im Magen, dass so wenige emanzipierte Frauen hier vorschnell und oft unreflektiert die Faust in die Luft heben und mehr Akzeptanz fordern: Jahrhundertelang haben sich Wissenschaftler*innen, Forscher*innen, Lehrer*innen, Ärzt*innen, Eltern, Kinder und noch viele mehr dafür eingesetzt, dass wir heute ein gesünderes Leben führen können. Wir haben das Wissen, die Mittel und den Zugang zu allem, was man dafür bräuchte, weil es andere für uns erarbeitet haben. Warum sollten wir das nun mit Füßen treten, einer merkwürdigen Pseudoakzeptanz zuliebe?

Wenn wir als Gesellschaft jedes Mal aufschreien, wenn ein Modelabel bedenklich magere Models auf den Laufsteg schickt, müssen wir auch aufschreien, wenn jemand Fettleibigkeit normalisieren will. Entweder akzeptieren wir beides oder wir wehren uns gegen beides, alles andere ist Doppelmoral.

Aufgaben zum Textverständnis bearbeiten

Die braune Falle

(1) Als Jugendlicher sucht man seinen Platz in der Gesellschaft, versucht, auf viele Fragen Antworten zu finden. Berufswahl, Zukunftsplanung und vor allem die Entwicklung der eigenen Persönlichkeit – all das ist allein schon schwierig genug. Kommen dann auch noch Probleme im privaten und sozialen Umfeld dazu – keine Aussicht auf eine Lehrstelle, Ärger in der Familie und in der Schule, finanzielle Nöte –, sind viele Jugendliche mit ihrer Situation überfordert. Sie suchen nach Hilfe, nach Nestwärme, nach einem Ausweg aus der Misere ... [...]

(2) Rechtsextremistische Subkulturen[1] und Organisationen bieten zunächst einmal genau das, was Jugendliche in einer schwierigen Lebenssituation brauchen: Sie vermitteln Anerkennung, Halt, Geborgenheit und vor allem „Coolness" und Stärke. Die neue Clique gibt den nötigen Rahmen und die Möglichkeit, Protest und Auflehnung gegen die Gesellschaft und gegen die Welt der Erwachsenen auszuleben. Mit coolem Outfit herumzulaufen, provoziert genauso wie das Grölen von Parolen und Diffamierungen[2]. [...]

(3) Der aufgestaute Protest sucht nach Richtung und Ziel. Von einzelnen negativen Erfahrungen genährt, verfestigt sich die Abneigung gegen Ausländer, Asylbewerber, Juden, Andersdenkende und Andersartige. Rechtsextremisten greifen solche Ängste und Vorurteile auf. Mit plumpen Hetzparolen[3] schüren sie Fremdenfeindlichkeit und Hass. Ein gemeinsames Feindbild, das verbindet. [...]

(4) Musik und Konzerte sind wichtige Elemente der rechtsextremistischen Subkultur. Die Musik mit ihren provozierenden Inhalten spricht vor allem Jugendliche an. Die Veranstaltungen stärken den Zusammenhalt und das Gemeinschaftsgefühl in der Szene. Auch die aufgeheizte Atmosphäre und der starke Alkoholkonsum üben eine große Faszination auf die Konzertbesucher aus. Die Musik spricht mehr als jedes andere Propagandamittel Emotionen an und vermittelt dabei rechtsextremistische Feindbilder. Sie transportiert Hass, Rassismus, Ausländerfeindlichkeit und Antisemitismus[4]. Zudem verherrlicht sie häufig Gewalt oder ruft sogar dazu auf. So verankert sich rechtsextremistisches Gedankengut in den Köpfen junger Leute, die vielleicht ursprünglich nur auf der Suche nach Spaß und Anerkennung waren. [...]

(5) Das Internet bietet Rechtsextremisten die Möglichkeit, eine breite Masse zu erreichen – auch Außenstehende, die mit Rechtsextremismus bislang nichts zu tun haben. In Chaträumen und virtuellen Foren besteht die Möglichkeit, sich ungehindert auszutauschen. Man kann mit Gleichgesinnten über Politik diskutieren, Neulingen zweifelhafte Infos zur Geschichte und rechtsextremistischen Weltanschauung[5] liefern und zu Demos und konspirativen[6] Treffen aufrufen. Online-Vertriebe bieten rechtsextremistische Musik und Szene-Kleidung an. [...]

[1] besondere Untergruppen innerhalb des übergeordneten Kulturbereichs
[2] böswillige Äußerungen, Herabsetzungen, Verleumdungen
[3] beleidigende Äußerungen, die oftmals laut gerufen werden
[4] Judenfeindlichkeit
[5] Betrachtungsweise auf die Welt und die Stellung des Menschen darin
[6] verschwörerisch

(6) Auch brutale antisemitische und rassistische PC-Spiele finden sich im Internet. Damit können Rechtsextremisten ihre Gewaltfantasien gegen Feindbilder wie Ausländer und Juden ausleben. Wem die einsamen Ballerspiele am Monitor nicht genügen, findet in rechtsextremistischen Online-Netzwerken leicht Anschluss. Bei „Netzwerk Rechts“ können sich registrierte Mitglieder ein Profil anlegen und online präsentieren. Viele Funktionen des Netzwerks ähneln dem Angebot von sozialen Plattformen wie Facebook und Co.: Chatfunktion, Statusanzeige oder die Möglichkeit, Gruppen zu bilden – alles dient dem Ziel, „Nationalisten zu vernetzen“. [...]

(7) Das Spektrum des gewaltbereiten Rechtsextremismus ist in den letzten Jahren vielfältiger geworden. Waren es früher fast ausschließlich Skinheads, die mit Glatze, Springerstiefeln und Bomberjacke die rechtsextremistische Jugendszene dominierten, so finden sich heutzutage Jugendliche aus unterschiedlichen Subkulturen zusammen. In ihren Outfits unterscheiden sie sich oft nicht von anderen, „unpolitischen“ Jugendlichen. An ernsthaften politischen Aktivitäten haben die meisten kein großes Interesse. Was sie eint, ist ihre Begeisterung für die szenetypische Musik und den damit verbundenen Lebensstil, wie er von rechtsextremistischen Subkulturen wie der „National Socialist Hatecore“ – oder der „National Socialist Black Metal“-Szene vorgelebt wird. [...]

(8) Während in der subkulturellen Szene ein „rechter“ Lifestyle im Vordergrund steht, sind die Neonazis politisch motiviert. Sie verfügen über eine ideologische Basis und orientieren sich dabei am historischen Nationalsozialismus. [...]

(9) Um sich vor Strafverfolgung und eventuellen Verboten zu schützen, organisieren sich Neonazis überwiegend in lokal bzw. regional aktiven Kameradschaften oder losen Gruppen. Seit einigen Jahren haben sich innerhalb des Neonazi-Lagers die „Autonomen Nationalisten“ herausgebildet. Ihr Outfit ähnelt eher dem von militanten[7] linksextremistischen Autonomen. Die „Autonomen Nationalisten“ setzen auf „Action“ und geben sich besonders militant. *(verändert)*

[7] kämpferisch

1 Vervollständige die folgenden Aussagen zu dem vorangegangenen Text. Kreuze dazu die richtigen Antworten an.

a) Im Text wird erwähnt, dass Jugendliche ihren Platz in der Gesellschaft noch finden müssen. Sie sind damit oft überfordert, weil ...

- **A** ... sie für sich einen geeigneten Beruf wählen müssen. ☐
- **B** ... sie zu oft von Freunden eingeladen werden. ☐
- **C** ... sie ihre eigene Persönlichkeit entwickeln müssen. ☐
- **D** ... sie oftmals Probleme in der Familie und in der Schule haben. ☐
- **E** ... sie finanzielle Sorgen haben. ☐
- **F** ... sie sich keine Gedanken um gute Schulabschlüsse machen. ☐

→ Kreuze vier Antworten an. Du findest die Angaben in Abschnitt 1 des Textes.

b) Rechtsextremistische Organisationen bieten den Jugendlichen zunächst das, was diese in solch einer Lebenssituation brauchen. Denn ...

- **A** ... sie vermitteln Anerkennung. ☐
- **B** ... sie geben Halt und Geborgenheit. ☐
- **C** ... sie verleihen Stärke. ☐
- **D** ... sie ermöglichen den Einsatz für Schwächere. ☐
- **E** ... sie vermitteln ein Gefühl von „Coolness“. ☐
- **F** ... sie ermöglichen die Auflehnung gegen die Erwachsenen. ☐

→ Kreuze fünf Antworten an. Du findest die Angaben in Abschnitt 2 des Textes.

c) Provokationen der Rechtsextremen richten sich laut dem Text zumeist gegen:
A Erwachsene, die Jugendliche kritisieren. ☐
B Ausländer, Juden und Andersdenkende. ☐

2 In Zeile 21/22 steht: *„Ein gemeinsames Feindbild, das verbindet."*
Erläutere, wie die Aussage im Textzusammenhang zu verstehen ist.

____

____

____

➔ So kannst du beginnen: Die Jugendlichen suchen ein Ziel, gegen das sie ihren Protest richten können. Mit „gemeinsames Feindbild" sind ... gemeint. ...

3 Laut Text erreichen rechtsextreme Organisationen ihre Mitglieder besonders durch Medien. Benenne sie.

____

____

4 Rechtsextreme sind heute vor allem im Internet aktiv. Kreuze an, welche Gründe dafür im Text genannt werden.
A Eine breite Masse kann erreicht werden. ☐
B Bisher Unbeteiligte und Neulinge können angesprochen werden. ☐
C Die Verbreitung der Ideologie ist kostenlos. ☐
D Man kann sich in Chaträumen und Foren ungehindert austauschen. ☐
E Man kann zu Demonstrationen und Treffen einladen. ☐
F Man darf nur Inhalte äußern, die politisch korrekt sind. ☐
G Antisemitische und rassistische Spiele können heruntergeladen und gespielt werden. ☐

➔ Kreuze fünf Antworten an. Du findest sie in den Abschnitten 5 und 6.

5 In Zeile 48/49 des Textes steht: *„Das Spektrum des gewaltbereiten Rechtsextremismus ist in den letzten Jahren vielfältiger geworden."*
Erläutere, wie diese Aussage im Textzusammenhang zu verstehen ist.

____

____

____

6 Vervollständige die folgende Aussage durch Ankreuzen: Neonazis orientieren sich in ihrer Ideologie oft am historischen Nationalsozialismus.
Damit ist gemeint, dass ...
A nur alte Menschen Neonazis sind. ☐
B sie wie zu Lebenszeiten von Adolf Hitler andere Menschen aufgrund ihrer Herkunft, Religion oder körperlicher Merkmale diskriminieren. ☐
C sie keine Rassisten sind, da Fremdenfeindlichkeit für sie kein Thema ist. ☐

7 Ordne die folgenden Überschriften den Textabschnitten 1–9 zu.

A Wie die Szene das Internet nutzt — Abschnitt ______
B Rechtsextremistisches Gedankengut musikalisch verpackt — Abschnitt ______
C Kameradschaften und autonome Nationalisten — Abschnitt ______
D Neonazis in der Tradition des Nationalsozialismus — Abschnitt ______
E Das Erlebnis von Zusammengehörigkeit — Abschnitt ______
F Gegen alles „Fremde“ – mit und ohne Glatze — Abschnitt ______
G Jugendliche auf der Suche nach Halt und Orientierung — Abschnitt ______
H Computerspiele und Vernetzung — Abschnitt ______
I Wo beginnt rechtsextremistisches Denken? — Abschnitt ______

8 Kreuze an, welche der folgenden Aussagen nicht zutreffen.

A Rechtsextreme schüren Fremdenfeindlichkeit und Hass. ☐
B Sie verherrlichen Gewalt und rufen sogar dazu auf. ☐
C Rechtsextreme handeln politisch verantwortlich. ☐
D Rechtsextremismus hat heute keine Bedeutung mehr. ☐
E Rechtsextremisten kann man an der Kleidung erkennen. ☐

9 Der Text wurde im Rahmen einer Ausstellung des Bundesamtes für Verfassungsschutz herausgegeben. Kreuze an, um welche Textart es sich handelt:

A Romanauszug ☐ **C** Reportage ☐
B Sachtext ☐ **D** Kurzgeschichte ☐

10 Erläutere kurz, an wen dieser Text gerichtet ist, und begründe dein Urteil.

____

____

____

____

→ Überlege, was du über Funktionen und Schreibweise dieser Textarten weißt: Autoren wollen durch Sachtexte vor allem informieren. Die Texte sind zumeist sachlich und neutral verfasst und enthalten Fakten und Zahlen ... Formuliere so: Der Text dient besonders der Information und ... Daher ist er eher an ... gerichtet, denn ...

11 Kreuze an, welche Adjektive die Wirkung des Textes am besten beschreiben. Begründe deine Einschätzung kurz, indem du einen Bezug zum Text herstellst.

A unterhaltend ☐ **B** warnend ☐ **C** aufklärend ☐
D informativ ☐ **E** appellativ ☐

____

____

____

____

Die Rechtsextremen verstoßen mit ihren Hetzkampagnen eindeutig gegen Artikel 3 der deutschen Verfassung, in dem es heißt: „Niemand darf wegen seines Geschlechts, seiner Abstammung, seiner Rasse, seiner Sprache, seiner Heimat und Herkunft, seines Glaubens, seiner religiösen oder politischen Anschauungen benachteiligt oder bevorzugt werden." Ich denke daher, dass in der Schule noch mehr über das rechtsradikale Gedankengut aufgeklärt werden muss.

12 Lies die Aussage eines Schülers und nimm dazu Stellung. Gib dazu an, ob du seiner Forderung zustimmst oder nicht. Begründe deine Meinung:

____

____

____

____

____

____

____

13 Betrachte die Zeichnung links.
Wie nennt man diese Art der Zeichnung?
Kreuze die richtige Antwort an:

- **A** Anekdote ☐
- **B** Satire ☐
- **C** Karikatur ☐
- **D** Illustration ☐

14 Kreuze an, welche Aussagen auf die Zeichnung und ihre Aussage zutreffen:

- **A** Der dargestellte Mann hat rassistische Hetzparolen auf seinem T-Shirt stehen. ☐
- **B** Der Mann will sich mit seinem T-Shirt gegen rechts einsetzen. ☐
- **C** Der Mann protestiert gegen Importware. ☐
- **D** Er mag offensichtlich griechisches Essen. ☐
- **E** Seine Meinung steht im Gegensatz zu seiner Äußerung sowie zur Herkunft seiner Kleidung. ☐
- **F** Aufgrund seines T-Shirts wirkt er fremdenfeindlich. ☐
- **G** Der Mann bemerkt nicht, dass seine Kleidung und sein Essen nicht aus Deutschland kommen. ☐

15 Fasse die Kritik, die der Zeichner vermitteln will, kurz zusammen. Schreibe dazu den folgenden Satzanfang in deinem Heft sinnvoll weiter.
Mit der Darstellung möchte der Zeichner darauf hinweisen, dass …

Eine Rede beschreiben

Rede des Präsidenten des Zentralrats der Juden in Deutschland, Dr. Josef Schuster, bei der zentralen Gedenkveranstaltung zum 80. Jahrestag der „Reichspogromnacht“ am 09.11.2018 in der Synagoge Rykestraße in Berlin

Sehr geehrter Herr Bundespräsident [...], Exzellenzen, sehr geehrte Vertreter von Bund, Ländern und Kirchen, [...] meine sehr verehrten Damen und Herren,

es war mitten in der Nacht, als der Gullydeckel durch das Fenster der Synagoge flog. Glas zersplitterte. Am nächsten Morgen zeigte sich die Gemeindevorsitzende erschüttert. „Wut und Hass, die eine solche Kraft entwickeln, erschrecken mich“, sagte sie. Der Gullydeckel, der auf die Synagoge in Gelsenkirchen geworfen wurde – das war nicht 1938. Das war 2014. Eine Gleichsetzung verbietet sich.

Doch wenn wir heute an die staatlich organisierten Ausschreitungen gegen Juden im November 1938, also vor 80 Jahren, erinnern, dann tun wir dies nicht nur in dem Wissen um das größte Menschheitsverbrechen in der Geschichte und mit Blick auf die Lehren, die wir daraus gezogen haben. Sondern wir tun es auch in dem Wissen, dass immer noch Unrecht geschieht. Dass immer noch Dinge passieren, die schreckliche Erinnerungen wachrufen. Solche Vorfälle belasten eine Gruppe von Menschen ganz besonders: Es sind die Überlebenden der Schoa[1] und ihre Nachkommen, die zutiefst erschrecken, wenn sie solche Nachrichten hören.

Heute an diesem Gedenktag verneigen wir uns mit tiefem Respekt vor den Überlebenden – ob sie heute hier unter uns sind oder an anderen Orten. Und wir verneigen uns in Trauer und immerwährendem Gedenken vor den sechs Millionen ermordeten jüdischen Frauen, Männern und Kindern und allen Opfern der nationalsozialistischen Verbrechen. Auch wenn eines Tages niemand mehr unter uns sein wird, der selbst Zeuge dieses Vernichtungswahns wurde, werden wir die Flamme der Erinnerung nie verlöschen lassen!

Meine sehr verehrten Damen und Herren, die gezielte, staatlich gelenkte Gewalt gegen Juden, jüdische Geschäfte und Synagogen im November 1938 können wir als eine Station betrachten auf dem Weg, die radikale nationalsozialistische Ideologie in die Realität umzusetzen, ja auf grausame Weise zu vollenden. Diese sogenannte Reichspogromnacht passierte nicht aus dem Nichts. Die Ausgrenzung der Juden aus der deutschen und seit dem 12. März 1938 auch aus der österreichischen Gesellschaft hatte längst eine gesetzliche Basis bekommen. Seit der Machtübernahme 1933 goss die NS-Regierung das gesetzliche Fundament für den Ausschluss der Juden aus der Gesellschaft. [...] Am späten Abend des 9. November 1938 entlud sich dann die Gewalt: SA- und SS-Leute[2] griffen Synagogen und jüdische Geschäfte an. Sie überfielen tausende ahnungslose jüdische Bürger in ihren Wohnhäusern. Insgesamt wurden rund 1400 Synagogen beschädigt oder zerstört, das entsprach der Hälfte. Auch diese Synagoge hier in Berlin, in der Rykestraße, wurde in der Nacht zum 10. November in Brand gesteckt. [...]

[1] nationalsozialistischer Völkermord an den Juden Europas

[2] Sturmabteilung und Schutzstaffel als Unterdrückungsinstrumente der NSDAP

Rund 30 000 Juden wurden ins Konzentrationslager verschleppt. Etwa 1 300 jüdische Bürger wurden ermordet oder in den Suizid getrieben. Die Gewaltexzesse[3] öffneten vielen jüdischen Bürgern die Augen. Die blinde Zerstörungswut, die Gewalt, die förmlich explodierte – das hatten sie der deutschen Kulturnation vorher nicht zugetraut. Die Auswanderungszahlen schossen daraufhin in die Höhe, obwohl weitere Verordnungen die Emigration extrem erschwerten.

Dass die „Reichspogromnacht“ staatlich gelenkt war, ist inzwischen zuverlässig aus verschiedenen Quellen bewiesen. Und schon damals begriffen die meisten Bürger, dass sich hier kein spontaner Volkszorn entlud, wie Goebbels[4] es darstellte, sondern SA und SS gezielt handelten. Eines möchte ich dabei festhalten: Selbst wenn in diesen Novembertagen im Wesentlichen nur SA und SS beteiligt waren, handelte es sich doch um tausende Deutsche, die tatkräftig mitmachten. [...]

Die Staatsführung konnte sich seit dem 9. November 1938 gewiss sein: Auch bei noch größerer Gewalt gegen Juden werden unsere Bürger sich nicht in den Weg stellen. Sie sollten Recht behalten. Es gab nur wenige Menschen, die Anstand und Mut bewiesen. [...]

2016 gab es fast 1 000 Übergriffe auf Flüchtlingsunterkünfte, darunter waren mehr als 60 Brandstiftungen. Mehr als 60 Brandstiftungen. Das sind im Schnitt fünf Brandanschläge im Monat auf Häuser, in denen Menschen leben, die bei uns Zuflucht gesucht haben. 2017 waren es nur noch 16 Brandstiftungen. Ich sage das bewusst so. Denn manchmal scheint mir, als hörte ich ein leichtes Aufatmen, dass die Anzahl der Übergriffe auf Flüchtlinge und Flüchtlingsheime deutlich zurückgegangen ist. Ja, sie sind zurückgegangen. Aber es ist noch kein Grund zur Beruhigung!

Dass in unserem Land allein 2017 rund 300 Flüchtlinge bei Angriffen verletzt wurden, dass Unterkünfte von Asylbewerbern regelmäßig Ziele von Anschlägen sind – das ist ein Skandal! Und ebenso ist es ein Skandal, dass immer häufiger Moscheen mit Hassparolen versehen oder noch massiver angegriffen werden. Und es ist ein Skandal, dass etwa jede zweite Woche in Deutschland das Gleiche mit Synagogen passiert, sogar obwohl sie in der Regel unter Polizeischutz stehen. [...]

Dass solche Dinge in Deutschland 2018 geschehen, das ist eine Schande für unser Land! Hinter diesen Menschen, die Flüchtlinge oder Juden angreifen, stehen die geistigen Brandstifter[5]. Mein Eindruck ist: Ihre Zahl wächst in Deutschland. [...]

Diese Kräfte dürfen nicht noch mehr an Boden gewinnen. Im Gegenteil. Sie müssen so weit zurückgedrängt werden, bis sie ganz in der Versenkung verschwinden. Denn, um Karl Jaspers[6] zu zitieren, „es darf keine Freiheit geben zur Zerstörung der Freiheit.“ Das liegt in unserer Hand! Jeder von uns trägt Verantwortung dafür, dass Respekt und Toleranz das Profilbild Deutschlands prägen. Was wir jetzt brauchen, sind mutige und überzeugte Demokraten. Wir brauchen Menschen, die Zivilcourage zeigen. Menschen, die den Mund aufmachen. Zivilcourage fängt im Alltag an. Jede und jeder unter uns

[3] radikale Gewaltausübung

[4] Joseph Goebbels (1897–1945): Propagandaminister der NSDAP

[5] Menschen, die Fremdenfeindlichkeit und Rassismus verbreiten

[6] Karl Jaspers (1883–1969): deutscher Psychiater und Philosoph; Professor in Heidelberg; verheiratet mit einer jüdischen Frau; wurde im Dritten Reich von Aufgaben in der Universität ausgeschlossen

mag sich fragen: Schreite ich ein, wenn in meiner Kneipenrunde Schwulenwitze erzählt werden? Oder abfällig über Frauen gesprochen wird? [...] Oder ist mir das Risiko zu hoch, als Spaßbremse oder Spielverderber zu gelten? Passe ich mich lieber an? Schweige ich lieber oder lache mit, um nicht aufzufallen? Höre ich lieber weg, wenn ein dunkelhäutiger Mann in der Bahn beleidigt wird?
Wenn wir im Kleinen nicht einstehen für die Werte unseres Grundgesetzes, für die Menschenwürde, dann dürfen wir nicht erwarten, dass es im Großen funktioniert. [...] Kein Kind wird als Rassist geboren! Kein Kind wird als Antisemit geboren! Und doch wird „Jude“ auf den Schulhöfen als Schimpfwort benutzt. Deshalb müssen vor allem auch Lehrerinnen und Lehrer mutige und überzeugte Demokraten sein. [...] Antisemitismus und Rassismus sind nie akzeptabel.
[...] Wenn ich auf die Demonstrationen der vergangenen Monate schaue, ob unter dem Hashtag „Wir sind mehr“, „Welcome United“, „Unteilbar“ oder „Herz statt Hetze“, dann spüre ich: Da bewegt sich etwas. Die Bürgerinnen und Bürger stehen auf. [...]
Heute gehen die Bürger wieder vereint für Menschenrechte, gegen Rassismus und Antisemitismus auf die Straße. Es sind Hunderttausende mutige und überzeugte Demokraten. Sie lassen Deutschland nicht einfach nach rechts abdriften. Sie kämpfen für den Grundkonsens. Sie machen mir Mut. Es ist der Aufbruch in ein Deutschland, das Respekt zu seinem Markenkern[7] macht.
Verehrte Damen und Herren, aus dem Jahr 1938 sind aus Wien folgende Sätze eines zwölfjährigen jüdischen Jungen überliefert: „Mutti, wenn wir wirklich so schlecht sind und kein anderes Land uns aufnehmen will, ist es doch besser, gleich Schluss zu machen und den Gashahn aufzudrehen.“ Nie wieder darf es so weit kommen, dass ein Mensch und erst recht ein Kind, nur wegen seiner Herkunft Anlass zu so viel Verzweiflung hat. *(verändert)*

[7] hier: wesentlicher Wert einer Nation

Beschreibe Aufbau, Redetechnik sowie Wirkung der Rede und nimm Stellung zu der Aussage eines Schülers.

1 Plane deine Redebeschreibung:
a) Erschließe die Rede (Seiten 27–29). Markiere dabei wichtige Textstellen.
b) Halte deine Ergebnisse stichwortartig in dem Schreibplan (S. 30–31) fest.

2 Verfasse mithilfe deines Schreibplans eine Redebeschreibung als zusammenhängenden Text. Beachte auch den *Leitfaden: Eine Rede beschreiben (I/II).*
a) Formuliere eine Einleitung, in der du die Redesituation darstellst (Redner, Anlass, Zeitpunkt, Ort, Adressaten und Thema der Rede).
b) Formuliere eine Vermutung zum Redeziel (= Deutungshypothese).
c) Beschreibe den Aufbau der Rede.
d) Erläutere den Gedankengang der Rede.
e) Beschreibe die Redetechnik und ihre Wirkung.

Hier findest du Beispiele zur Redetechnik: Parataxen: Z. 4/5, Z. 10/11 ... / einfache Satzgefüge: Z. 15–17, Z. 46-48 ... / persönliche Anrede: Z. 1–2, Z. 27 ... / Metaphern: Z. 25, Z. 42–43, Z. 50 ... / Personalpronomen „wir“: Z. 12, Z. 13, Z. 15 ...

f) Formuliere das Redeziel. Beziehe dich dabei auf deine Deutungshypothese.
g) Beurteile, ob der Redner sein Ziel erreicht hat.
h) Ein Schüler hat nach dem Lesen der Rede folgende Aussage gemacht:
„Der Redner ist Präsident des Zentralrats der Juden in Deutschland. Dennoch bezieht er seinen Appell für Toleranz und gegen Fremdenfeindlichkeit nicht nur auf den wieder aufkeimenden Antisemitismus, sondern auch auf andere wie religiöse Minderheiten und Geflüchtete. Ich finde das bemerkenswert, denn keine Form der Diskriminierung sollte toleriert werden.“
Nimm begründet dazu Stellung.

3 Überprüfe und überarbeite deine Redebeschreibung anhand des *Leitfadens: Eine Rede beschreiben (I/II).*

Redesituation (Redner/-in – Anlass – Zeitpunkt – Ort – Adressaten – Thema)	
Ziel der Rede:	
(*vor der Untersuchung*) Deutungshypothese:	Vermutlich möchte ...
(*nach der Untersuchung*) Was hat sich (nicht) bestätigt?	
Aufbau und sprachliche Gestaltung der Rede:	

Aussage:	**Entfaltung**	**Redetechnik**	**Wirkung**

Aufbau und sprachliche Gestaltung der Rede:			
Aussage:	**Entfaltung**	**Redetechnik**	**Wirkung**

⇨ Erläuterung des Gedankengangs der Rede	
Beurteilung, ob das Redeziel erreicht wurde	

Stellungnahme zu einer Schüleraussage:	
Wie lautet die Aussage?	Ein Schüler sagt, dass …
Wie ist mein Standpunkt dazu?	Ich teile die Meinung des Schülers (nicht), denn …
Wie begründe ich meinen Standpunkt?	…

Auf ein Spiel, Herr Graf! – Einen Novellenauszug erschließen

1 **a)** Lies die Überschrift oben und betrachte das Bild. Überlege, worum es in diesem Novellenauszug gehen könnte: Auf welche Personen trifft Wenzel? Was könnten sie von ihm wollen? Welche Folgen könnte diese Begegnung für ihn haben? Mache dir stichwortartig Notizen.

____

____

b) Erschließe dir nun den Text.

Kleider machen Leute

Gottfried Keller (1874)

Während Wenzel in der Gaststube sein Essen zu sich nimmt, sitzt der Kutscher, der den arbeitslosen Schneider in seiner Kutsche nach Goldach mitgenommen hat, bei den Angestellten des Wirtshauses. Im Scherz erzählt er ihnen, dass es sich bei ihrem Gast um einen polnischen Grafen handeln würde. Der Wirt sieht sich in seiner ersten Einschätzung von Wenzel bestätigt und schenkt seinem Gast daraufhin jeden edlen Tropfen ein, den er auf Lager hat. Wenzel lässt diese außergewöhnliche Behandlung still über sich ergehen, als mehrere neue Gäste eintreffen.

Inzwischen war der Stadtschreiber und der Notar gekommen, um den Kaffee zu trinken und das tägliche Spielchen um denselben zu machen; bald kam auch der ältere Sohn des Hauses Häberlin und Cie[1]., der jüngere des Hauses Pütschli-Nievergelt, der Buchhalter einer großen Spinnerei, Herr Melcher Böhni; allein statt ihre Partie zu spielen, gingen sämtliche Herren in weitem Bogen hinter dem polnischen Grafen herum, die Hände in den hintern Rocktaschen, mit den Augen blinzelnd und auf den Stockzähnen lächelnd[2]. Denn es waren diejenigen Mitglieder guter Häuser, welche ihr Leben lang zu Hause blieben, deren Verwandte und Genossen aber in aller Welt saßen, weswegen sie selbst die Welt sattsam[3] zu kennen glaubten.

Also das sollte ein polnischer Graf sein? Den Wagen hatten sie freilich von ihrem Comptoirstuhl[4] aus gesehen; auch wusste man nicht, ob der Wirt den Grafen oder dieser jenen bewirte; doch hatte der Wirt bis jetzt noch keine dummen Streiche gemacht; er war vielmehr als ein ziemlich schlauer Kopf bekannt, und so wurden denn die Kreise, welche die neugierigen Herren um den Fremden zogen, immer kleiner, bis sie sich zuletzt vertraulich an den gleichen Tisch setzten und sich auf gewandte Weise zu dem Gelage aus dem Stegreif[5] einluden, indem sie ohne Weiteres um eine Flasche zu würfeln begannen. Doch tranken sie nicht zu viel, da es noch früh war; dagegen galt es,

[1] frz. Abkürzung für eine Handelsgesellschaft

[2] hier: heimlich lächelnd

[3] zur Genüge

[4] ein Bürostuhl

[5] ohne Vorankündigung

einen Schluck trefflichen Kaffee zu nehmen und dem Polacken, wie sie den Schneider bereits heimlich nannten, mit gutem Rauchzeug aufzuwarten, damit er immer mehr röche[6], wo er eigentlich wäre.

„Darf ich dem Herren Grafen eine ordentliche Zigarre anbieten? Ich habe sie von meinem Bruder auf Kuba direkt bekommen!", sagte der eine. „Die Herren Polen lieben auch eine gute Zigarette, hier ist echter Tabak aus Smyrna[7], mein Kompagnon[8] hat ihn gesendet", rief der andere, indem er ein rotseidenes Beutelchen hinschob. „Dieser aus Damaskus[9] ist feiner, Herr Graf", rief der Dritte, „unser dortige Prokurist[10] selbst hat ihn für mich besorgt!" Der Vierte streckte einen ungefügen Zigarrenbengel[11] dar, indem er schrie: „Wenn Sie etwas ganz Ausgezeichnetes wollen, so versuchen Sie diese Pflanzerzigarre aus Virginien[12], selbstgezogen, selbstgemacht und durchaus nicht käuflich!"

Strapinski lächelte sauersüß, sagte nichts und war bald in feine Duftwolken gehüllt, welche von der hervorbrechenden Sonne lieblich versilbert wurden. Der Himmel entwölkte sich in weniger als einer Viertelstunde, der schönste Herbstnachmittag trat ein; es hieß, der Genuss der günstigen Stunde sei sich zu gönnen, da das Jahr vielleicht nicht viele solcher Tage mehr brächte; und es wurde beschlossen auszufahren, den fröhlichen Amtsrat auf seinem Gute zu besuchen, der erst vor wenigen Tagen gekeltert hatte, und seinen neuen Wein, den roten Sauser, zu kosten. Pütschli-Nievergelt, Sohn, sandte nach seinem Jagdwagen, und bald schlugen seine jungen Eisenschimmel[13] das Pflaster vor der Waage[14]. Der Wirt selbst ließ ebenfalls anspannen, man lud den Grafen zuvorkommend ein, sich anzuschließen und die Gegend etwas kennenzulernen.

Der Wein hatte seinen Witz[15] erwärmt; er überdachte schnell, dass er bei dieser Gelegenheit am besten sich unbemerkt entfernen und seine Wanderung fortsetzen könne; den Schaden sollten die törichten und zudringlichen Herren an sich selbst behalten. Er nahm daher die Einladung mit einigen höflichen Worten an und bestieg mit dem jungen Pütschli den Jagdwagen. Nun war es eine weitere Fügung, dass der Schneider, nachdem er auf seinem Dorfe schon als junger Bursch dem Gutsherren zuweilen Dienste geleistet, seine Militärzeit bei den Husaren[16] abgedient hatte und demnach genugsam[17] mit Pferden umzugehen verstand. Wie daher sein Gefährte höflich fragte, ob er vielleicht fahren möge, ergriff er sofort Zügel und Peitsche und fuhr in schulgerechter Haltung, in raschem Trabe durch das Tor und auf der Landstraße dahin, sodass die Herren einander ansahen und flüsterten: „Es ist richtig, es ist jedenfalls ein Herr!"

In einer halben Stunde war das Gut des Amtsrates erreicht, Strapinski fuhr in einem prächtigen Halbbogen auf und ließ die feurigen Pferde aufs Beste anprallen[18]; man sprang von den Wagen, der Amtsrat kam herbei und führte die Gesellschaft ins Haus, und alsobald war auch der Tisch mit einem halben Dutzend Karaffen voll karneolfarbigen[19] Sausers besetzt. Das heiße gärende Getränk wurde vorerst geprüft, belobt und sodann fröhlich in Angriff genommen, während der Hausherr im Hause die Kunde herumtrug, es sei ein vornehmer Graf da, ein Polacke, und eine feinere Bewirtung vorbereitete.

Mittlerweile teilte sich die Gesellschaft in zwei Partien, um das versäumte Spiel nachzuholen, da in diesem Lande keine Männer zusammen sein konnten, ohne zu spielen [...]. Strapinski, welcher die Teilnahme aus verschiedenen Gründen ablehnen musste, wurde eingeladen zuzusehen, denn das schien ihnen immerhin der Mühe wert, da sie so viel Klugheit und Geistesgegenwart bei den Karten zu entwickeln pflegten. Er musste sich zwischen beide Partien setzen, und sie legten es nun darauf an, geistreich und gewandt zu spielen und den Gast zu gleicher Zeit zu unterhalten. So saß er denn wie ein kränkelnder Fürst, vor welchem die Hofleute ein angenehmes Schauspiel aufführen und den Lauf der Welt darstellen. Sie erklärten ihm die bedeutendsten Wen-

[6] Konj. II von riechen
[7] antike Stadt; heute Izmir (Türkei)
[8] Geschäftspartner
[9] heute Hauptstadt Syriens
[10] höherer Angestellter
[11] sehr große, dicke Zigarre
[12] Virginia, USA
[13] Pferd mit weiß-grau geflecktem Fell
[14] Name des Wirtshauses
[15] hier: Verstand
[16] Reitersoldaten
[17] ausreichend
[18] plötzliches Stoppen
[19] Karneol: rötlicher Edelstein

dungen, Handstreiche und Ereignisse, und wenn die eine Partei für einen Augenblick ihre Aufmerksamkeit ausschließlich dem Spiele zuwenden musste, so führte die andere dafür umso angelegentlicher[20] die Unterhaltung mit dem Schneider. Der beste Gegenstand dünkte sie[21] hiefür Pferde, Jagd und dergleichen; Strapinski wusste hier auch am besten Bescheid; denn er brauchte nur die Redensarten hervorzuholen, welche er einst in der Nähe von Offizieren und Gutsherren gehört und die ihm schon dazumal ausnehmend wohl gefallen hatten. Wenn er diese Redensarten auch nur sparsam, mit einer gewissen Bescheidenheit und stets mit einem schwermütigen Lächeln vorbrachte, so erreichte er damit nur eine größere Wirkung; wenn zwei oder drei von den Herren aufstanden und etwa zur Seite traten, so sagten sie: „Es ist ein vollkommener Junker[22]."

Nur Melcher Böhni, der Buchhalter, als ein geborener Zweifler, rieb sich vergnügt die Hände und sagte zu sich selbst: Ich sehe es kommen, dass es wieder einen Goldacher Putsch[23] gibt, ja, er ist gewissermaßen schon da! Es war aber auch Zeit, denn schon sind's zwei Jahre seit dem letzten! Der Mann dort hat mir so wunderlich zerstochene Finger [...]. Nun, ich werde mich hüten, den Verlauf zu stören!

Die beiden Partien waren nun zu Ende [...] und sie zogen nun vor, sich an den alten Weinen des Amtsrates ein wenig abzukühlen, die jetzt gebracht wurden; doch war die Abkühlung etwas leidenschaftlicher Natur, indem sofort, um nicht in schnöden Müßiggang[24] zu verfallen, ein allgemeines Hasardspiel[25] vorgeschlagen wurde. Man mischte die Karten, jeder warf einen Brabantertaler[26] hin, und als die Reihe an Strapinski war, konnte er nicht wohl seinen Fingerhut auf den Tisch setzen. „Ich habe nicht ein solches Geldstück", sagte er errötend; aber schon hatte Melcher Böhni, der ihn beobachtet, für ihn eingesetzt, ohne dass jemand darauf Acht gab; denn alle waren viel zu behaglich, als dass sie auf den Argwohn geraten wären, jemand in der Welt könne kein Geld haben. Im nächsten Augenblicke wurde dem Schneider, der gewonnen hatte, der ganze Einsatz zugeschoben; verwirrt ließ er das Geld liegen und Böhni besorgte für ihn das zweite Spiel, welches ein anderer gewann, sowie das dritte. Doch das vierte und fünfte gewann wiederum der Polacke, der allmählich aufwachte und sich in die Sache fand. Indem er sich still und ruhig verhielt, spielte er mit abwechselndem Glücke; einmal kam er bis auf einen Taler herunter, den er setzen musste, gewann wieder, und zuletzt, als man das Spiel satt bekam, besaß er einige Louisdors[27], mehr als er jemals in seinem Leben besessen, welche er, als er sah, dass jedermann sein Geld einsteckte, ebenfalls zu sich nahm, nicht ohne Furcht, dass alles ein Traum sei.

Böhni, welcher ihn fortwährend scharf betrachtete, war jetzt fast im Klaren über ihn und dachte: den Teufel fährt der in einem vierspännigen Wagen! Weil er aber zugleich bemerkte, dass der rätselhafte Fremde keine Gier nach dem Gelde gezeigt, sich überhaupt bescheiden und nüchtern verhalten hatte, so war er nicht übel gegen ihn gesinnt, sondern beschloss, die Sache durchaus gehen zu lassen.

[20] eifriger
[21] erschien ihnen
[22] junger Landedelmann
[23] hier: Skandal
[24] Nichtstun, faul sein
[25] Glücksspiel
[26] Silbermünze aus Belgien
[27] frz. Goldmünzen

c) Haben sich deine Vermutungen aus Aufgabe **1 a)** bestätigt?

2 a) Um was für Personen handelt es sich bei den neuen Gästen, die das Wirtshaus betreten haben? Kreuze die passende Antwort an:

- **A** Neugierige Passanten von der Straße, die sich den Grafen einmal aus der Nähe ansehen wollen. ☐
- **B** Arme Leute, die den Grafen um ein Almosen bitten wollen. ☐
- **C** Angehörige aus den wohlhabenden Kreisen von Goldach, die sich im Wirtshaus zum Glücksspiel verabredet haben. ☐

b) Wie reagieren die neuen Gäste, als sie Wenzel erblicken? Beschreibe, wie sie sich ihm gegenüber verhalten.

____

____

____

3 *„Strapinski lächelte sauersüß [...].“* (Z. 37) Erkläre, was damit gemeint ist.

____

____

4 Wohin wollen die Männer mit Wenzel fahren? Was wollen sie dort? Kreuze die richtige Aussage an:

A In ein Spielcasino, um dort miteinander um Geld zu spielen. ☐
B In das Geschäft von Pütschli-Nivergelt, um weitere Zigarren zu rauchen. ☐
C Auf das Gut des Amtsrates, um seinen neuen Wein zu kosten und um Geld zu spielen. ☐

→ Du findest die richtige Antwort in den Zeilen 40–45.

5 Erkläre, warum Wenzel sich den Goldachern bei ihrem Ausflug anschließt.

____

6 Was bestätigt die Goldacher auf ihrem Ausflug in ihrer Annahme, dass Wenzel ein vornehmer Herr sein müsse? Erläutere.

____

____

____

7 Gib mit eigenen Worten wieder, wie Wenzel die Goldacher Herren, die er soeben kennengelernt hat, beurteilt. Nenne dazu auch die Zeilen im Text, die darüber Aufschluss geben.

____

____

8 Erkläre, was man in dem Textauszug über Wenzels Vergangenheit erfährt.

____

____

____

→ Beachte dazu, was man im Text über das Können von Wenzel im Umgang mit Pferden erfährt.

9 Aus welchem Grund beteiligt sich Wenzel nicht an dem ersten Glücksspiel? Kreuze die passende Antwort an:

A Er lehnt Glücksspiele aus Prinzip ab. ☐
B Er hat kein Interesse an den Goldachern. ☐
C Er möchte nicht verraten, wer er in Wirklichkeit ist. ☐
D Er besitzt kein Geld, mit dem er spielen könnte. ☐

10 Wer ist Melcher Böhni? Beschreibe ihn. Wie unterscheidet er sich von den anderen Goldachern, die mit Wenzel den Ausflug unternehmen?

___

___

11 Melcher Böhni hat etwas erkannt, was den anderen Goldachern bislang entgangen ist. Erläutere seine Beobachtungen. Nenne dazu die Textstellen, in denen ihm das bewusst wird.

___

___

12 **a)** Trotz seiner Beobachtungen hilft Melcher Böhni Wenzel unauffällig beim letzten Glücksspiel. Erkläre, wie er das macht.

___

___

b) Beschreibe, welche Folgen das letzte Glücksspiel für Wenzel hat.

___

___

c) Warum hilft Melcher Böhni Wenzel? Kreuze die passende Antwort an.

A Wenzel ist ihm sympathisch. ☐
B Er freut sich auf einen neuen Skandal in der Stadt. ☐
C Er möchte sich beim „Grafen“ einschmeicheln. ☐

13 Welche Adjektive treffen in diesem Textauszug auf Wenzels Verhalten zu? Kreuze die passenden Adjektive an.

A angeberisch ☐ **D** hoffnungsvoll ☐
B bescheiden ☐ **E** verlegen ☐
C verwirrt ☐ **F** hinterlistig ☐

14 ⊖ Auch in der Verfilmung mit Heinz Rühmann gibt es die Figur Melcher Böhnis.
a) Schau dir den Film (Sequenzen von 18:55 bis 53:41) an und mache dir in deinem Heft Notizen zu der Darstellung von Melcher Böhni: Welchen Beruf und welche Stellung nimmt er in dem Film ein? Wie verhält er sich gegenüber Wenzel?
b) Beschreibe, welche Gemeinsamkeiten und Unterschiede du zwischen der literarischen Figur und der Filmfigur feststellst.

Einen Brief aus der Sicht einer literarischen Figur verfassen

Wenzel versteht noch immer nicht ganz, was mit ihm seit seinem Fortgang aus Seldwyla geschehen ist. Wie konnte das alles nur passieren? Was soll er jetzt tun? Schreibe aus Wenzels Sicht einen Brief an seinen Freund Heinrich aus seinem Heimatdorf. Darin berichtet er von seinen bisherigen Erlebnissen in Goldach und wie die Bürger der Stadt sich ihm gegenüber verhalten. Er weiß nicht weiter und erhofft sich einen Rat, wie er sich in dieser Situation verhalten soll. Welchen Entschluss könnte er fassen?

1 Plane deinen Brief:

a) Mache dir zunächst die Aufgabenstellung klar: Wer schreibt? Wem wird geschrieben? Warum wird geschrieben?

b) Versetze dich in Wenzel und finde Antworten auf die folgenden Fragen. Markiere sie in den Textauszügen auf den Seiten 106–108 im Schülerband und auf den Seiten 30–32 in diesem Arbeitsheft.

- Von welchen Ereignissen und Vorgängen möchte ich erzählen?
- Welche Gefühle bewegen mich dabei?
- Was bereitet mir Kopfzerbrechen? Worauf erhoffe ich mir einen Rat?

c) Lege ein Cluster an und halte darin deine Antworten fest. Berücksichtige auch deine Ergebnisse aus den Aufgaben **2**–**13** (Seite 34–36).

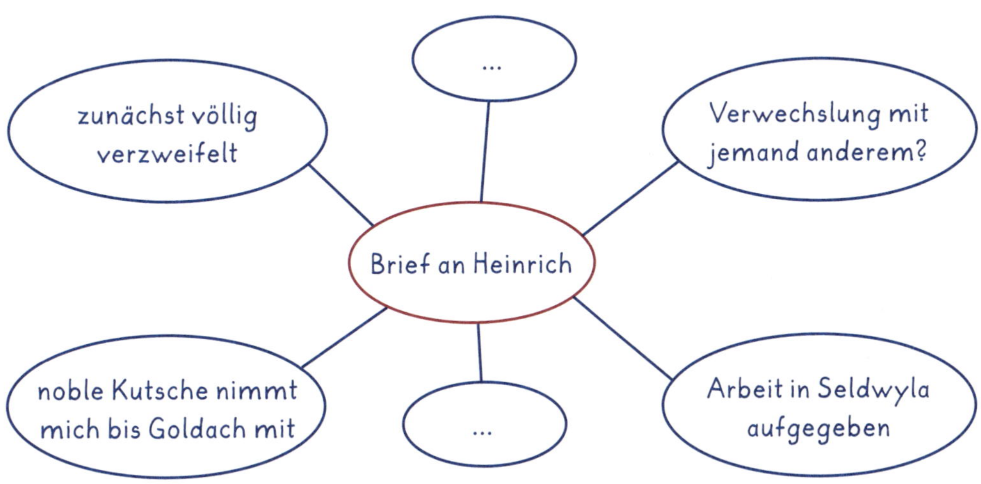

d) Nummeriere die Antworten in der Reihenfolge, in der du sie verwenden willst.

2 Schreibe mithilfe deiner Vorarbeit den Brief in deinem Heft. Berücksichtige den *Leitfaden: Einen Brief aus der Sicht einer literarischen Figur verfassen (III/IV).*
So kannst du anfangen.

Goldach, den ...

Mein lieber Heinrich,
ich weiß, ich habe lange nichts mehr von mir hören lassen. Es ist auch viel passiert, seit ich aus unserem Dorf weggezogen bin. Und es ging mir auch nicht immer gut – wahrhaftig! Aber davon will ich dir eigentlich nicht erzählen, sondern von dem, was ich heute erlebt habe. ...

3 Überprüfe deinen Text mithilfe des *Leitfadens: Einen Brief aus der Sicht einer literarischen Figur verfassen (VII/VIII)* und korrigiere ihn.

Einen Dialog zu einem Novellentext verfassen

Am Morgen nach der Begegnung mit Wenzel erzählt Melcher Böhni seiner Schwester Augusta von dem geheimnisvollen Gast in der Stadt. Er beschreibt den Fremden und tauscht sich mit ihr über das aus, was er im Wirtshaus sowie bei ihrem Ausflug danach erlebt und beobachtet hat. Dabei geht er auch darauf ein, wie unterschiedlich er Wenzel im Gegensatz zu den anderen Goldachern beurteilt. Am Ende teilt er ihr mit, wie er sich künftig gegenüber dem neuen „Mitbürger" verhalten wird und was er sich davon erhofft. Verfasse diesen Dialog.

1 Plane deinen Dialog:

a) Mache dir die Aufgabenstellung klar.

b) Versetze dich in Böhni und beantworte stichwortartig folgende Fragen mithilfe des Textes auf den Seiten 32–34:

- Was erzählt er ihr über die Begegnung mit Wenzel und die Reaktion seiner Goldacher Geschäftskollegen?
- Wie vermittelt er ihr seine Zweifel?
- Was lässt er von seinem künftigen Verhalten und seinen Absichten durchblicken?

Berücksichtige auch deine Ergebnisse aus den Aufgaben **2**–**13** (Seite 34–36).

c) Versetze dich in Böhnis Schwester: Was interessiert sie an dem Fremden? Welche Schlüsse zieht sie aus der Schilderung ihres Bruders? Wie steht sie möglicherweise zu seinen Plänen? Mache dir auch dazu Notizen.

2 Schreibe mithilfe deiner Vorarbeit den Dialog in deinem Heft. Berücksichtige dabei den *Leitfaden: Einen Dialog verfassen (III/IV)*.

So könntest du anfangen:

Melcher Böhni und seine Schwester Augusta sitzen beim Frühstück. Dabei ...

Böhni: (schmunzelnd) Du, Gustl, stell dir vor, wir haben seit gestern einen veritablen Grafen in Goldach.

Augusta: Wirklich? Wie aufregend!! Aber warum schmunzelst du denn so?

Böhni: Nun, das erkläre ich dir gern. Also, ich kam gestern Nachmittag wie immer zu unserem Stammtisch in die „Waage" und da ...

3 Überprüfe deinen Entwurf mithilfe des *Leitfadens: Einen Dialog verfassen (III/IV)* und überarbeite ihn.

Aufgaben zum Textverständnis und Sprachgebrauch bearbeiten I

Ellenbogen und Strafen

Das Leben als junger Mann ist nicht immer einfach.

Daniel Erk (2006)

Ich stand in diesem Klub, die Musik war nicht schlecht, aber auch nicht gut. Das Mädchen aber, das da an der Wand lehnte und ständig lachte, das war wunderbar. Aber nicht nur das. Sie war, soweit ich das ohne ein gesprochenes Wort wissen konnte, auch interessiert, wenigstens ein bisschen. Zumindest schaute sie regelmäßig zu mir rüber. So stand ich da und wartete, dass irgendwas passieren würde. Vielleicht könnte sie stolpern, oder irgendjemand könnte sie bedrohen, sodass ich sie retten müsste – und sie mich lieben. Ich stand, ich wartete, schaute, lächelte. Es passierte: nichts. Es war erbärmlich. Sie verharrte an der Wand, sah mich an, lächelte. Ich seufzte und verstand. Auch wenn wir beide recht offensichtlich wollten, dass hier etwas passierte, war es wohl meine Aufgabe, den ersten Schritt zu tun. Ich war ein bisschen verärgert und ein bisschen hilflos: Vor diesen „Aufgaben eines Mannes" hatte ich mich immer gedrückt, wo es nur ging. Mit dieser Rollenverteilung wollte ich nichts zu tun haben. Schuld an dieser Misere[1] sind meine Eltern und ein Mädchen namens Ulrike. Meine Eltern, weil sie mir – sicher mit besten Absichten – eine Welt vorgegaukelt hatten, in der Jungs und Mädchen gleichberechtigt sind und gleich behandelt werden. [...] Außerdem war da Ulrike. Ulrike war ein Rabaukenmädchen, mit ihr konnte ich alles tun, was man sich von guten Freunden so erwartet: Fußball spielen, auf Bäume klettern, Sandburgen bauen. Wenn wir Ärger bekamen, bekamen wir ihn beide. Wenn wir etwas wollten, dann entweder beide oder keiner. Wir waren nicht nur Freunde, wir waren – bis auf Details, die in diesem Alter total irrelevant waren – gleich. Dass sie ein Mädchen war und ich ein Junge, das war egal. Ich war überzeugt, dass es so bleiben würde. Bis ich in die Schule kam. Ich war ein netter, langweiliger Junge, der seine Hausaufgaben machte und eher zurückhaltend war. Trotzdem bekam ich die volle Breitseite der Geschlechterrollen ab: Strafarbeiten, Ermahnungen, mäßige Noten in Betragen. Ich saß in einer Bank mit Jungs, und in den Augen der Grundschullehrerin war es wohl Gleichbehandlung, dass alle Jungs die gleiche Strafarbeit bekamen. In ihrer Welt wuchsen jedem Jungen unsichtbare Teufelshörner, während über den Köpfen der Mädchen unsichtbare Heiligenscheine schwebten. Erst war ich verärgert, dann wütend. Wichtig war offenbar nicht, wer ich war, sondern allein, was ich war: ein Junge. Aus der Wut wurde Trotz: Wenn ich schon die volle Wucht der Klischees abbekam, dann wollte ich auch die Narrenfreiheiten. Ich wollte unvernünftig, vorlaut und großmäulig sein und über schlechte Witze lachen, kurzum: Ich wollte mich in meine Rolle als Junge fügen. Umso verdutzter war ich, als ich Jahre später feststellte, dass nicht mehr die fleißigen, ruhigen und netten Mädchen in der allgemeinen Gunst standen, sondern ich, der Junge. Was war passiert? Nicht mein Betragen hatte sich verändert, auch nicht die Rollenbilder – sondern das Spielfeld: Statt mit Dosen auf dem Schulhof kickten wir mit Argumenten, während das flegelhafte Verhalten blieb. Der Unterschied: Nun war es erwünscht. Es war in einem Seminar an der Universität und die Diskussion entwickelte sich in eine Richtung, bei der immer weniger die Sach- oder Textkenntnis gefragt war, sondern allein Selbst- und Sendungsbewusstsein. Mit jedem Wortbeitrag stieg der Hormonspiegel der Debatte – und übrig blieben junge Männer mit weit ausgefahrenen Ellenbogen, bis unter die Zähne mit Ego[2] und Wortmacht bewaffnet. Einer davon war

[1] Notlage

[2] hier: Selbstbewusstsein

[3] durch Worte

ich. Ich merkte, dass ich an diesem verbalen[3] Machtspielchen wunderbar teilnehmen konnte, während Hannah, die neben mir saß und den Text tatsächlich gelesen hatte, sogar zweimal, schwieg. Ich schämte mich und verstand, dass sich seit der Grundschule vieles geändert hatte – eigentlich alles, mich eingeschlossen. Diese Welt, erkannte ich, ist ein Ort für Ellenbogen und Rabauken. Auch wenn das nicht meine Art war, es war meine Rolle. Zumindest, wenn ich Erfolg haben wollte. Also nahm ich mir, an diesem Abend, in diesem Klub, ein Herz, und schaltete auf Rabaukenmodus. Was ich genau sagte, weiß ich nicht mehr, aber ich weiß noch, wie das Mädchen und ich irgendwann zu knutschen begannen. Das Wissen, dass ich, sollte aus diesem Abend mehr werden, wohl für das Tragen von Taschen, das Bezahlen von Getränken und das Reparieren von technischem Gerät zuständig wäre, hinterließ jedoch einen schalen Geschmack.

1 Bearbeite auf Grundlage des Textes (Seite 39–40) die Aufgaben zum Textverständnis und zum Sprachgebrauch:
a) Markiere in den Aufgaben die Operatoren und unterstreiche Schlüsselwörter, die dir Hinweise geben, was du erarbeiten sollst.
b) Lies den Text und markiere alle Stellen, die dir bei der Bearbeitung der Aufgaben hilfreich sind. Mache dir stichwortartig Notizen.
c) Formuliere deine Notizen als zusammenhängende Antwort. Denke daran, deine Antwort zu belegen, wenn das die Aufgabe erfordert.

Aufgaben zum Textverständnis:

1. Wofür interessiert sich der Junge in der Disco?

____

2. Worauf wartet er und was passiert?

____

____

3. Wie steht er zu den „Aufgaben eines Mannes“ (Z. 11)?

____

____

____

4. Wie beurteilt er seine Kindheitsfreundin Ulrike?

____

____

____

5. Welche Veränderung erfährt er in der Schule? Welche an der Universität?

____

____

6. Warum ist er am Ende unzufrieden? Begründe.

7. Ergänze die folgende Aussage. Kreuze dazu die passenden Antworten an.

Daniel denkt, Jungen und junge Männer spielen ihre Rolle richtig, wenn sie ...

A Mädchen oder junge Frauen gleichberechtigt behandeln. ☐
B ihre Überlegenheit zeigen. ☐
C brav sind. ☐
D Mädchen oder junge Frauen zu Getränken einladen. ☐
E eine gute Schulbildung haben. ☐
F sich mit technischen Dingen auskennen. ☐
G stark sind. ☐

→ Du musst vier Antworten ankreuzen.

8 a) In Zeile 15 wurde der Text gekürzt. Im Original nennt Daniel hier Beispiele dafür, wie sich die Gleichbehandlung zwischen seiner Schwester und ihm gezeigt hat. Notiere eigene Ideen, wie die Eltern vorgegangen sein könnten.

b) Nimm in deinem Heft Stellung dazu, ob es deiner Meinung nach sinnvoll ist, Mädchen und Jungen gleich zu erziehen. Berücksichtige auch Daniels Erfahrungen.

9. Welche der folgenden Aussagen treffen zu? Kreuze an.

A Daniel merkt in der Grundschule, dass Jungen und Mädchen unterschiedlich behandelt werden. ☐
B Daniel findet, dass seine Freundin Ulrike sich wie ein typisches Mädchen verhält. ☐
C Daniel hat Strafarbeiten bekommen, weil er seine Hausaufgaben nicht gemacht hat. ☐
D In den Seminaren konnte er gut mitdiskutieren, weil er sich gut vorbereitet hat. ☐
E Ihm gefällt das Leben in der sogenannten „Ellenbogen"-Gesellschaft. ☐
F Er wünscht sich eine Frau, die gleichberechtigt ist. ☐

10. Welchen Einfluss haben nach Daniels Meinung Eltern, Schule und Gesellschaft auf das Rollenverhalten?

____

____

____

Beachte dazu die Zeilen 12–20, 23–29 und 46–49.

11. Kreuze an, welche Adjektive die Wirkung des Textes am besten beschreiben. Begründe deine Einschätzung, indem du einen Bezug zum Text herstellst.

A unterhaltend ☐	**B** warnend ☐	**C** aufklärend ☐
D informativ ☐	**E** appellativ ☐	**F** kritisierend ☐

Begründung:

____

____

____

12. Ein Schüler meint: „Der Text zeigt, dass auch Jungen unzufrieden sind mit ihrer Situation. Sie wollen keine Rolle spielen und auch nicht durch Vorurteile bewertet werden. Sie profitieren von Geschlechtergleichheit genauso wie Mädchen." Nimm begründet Stellung zu dieser Aussage und berücksichtige auch eigene Erfahrungen.

____

____

____

____

____

13. Am Ende des Textes steht: „Das Wissen, dass ich, sollte aus diesem Abend mehr werden, wohl für das Tragen von Taschen, das Bezahlen von Getränken und das Reparieren von technischem Gerät zuständig wäre, hinterließ jedoch einen schalen Geschmack." (Z. 51–54) Stimmst du Daniels Befürchtungen zu? Begründe.

____

____

____

____

14. Notiere in deinem Heft, was das Mädchen in Z. 8 denken könnte. Beachte dabei sowohl die Ausgangssituation als auch die Zukunftsvision am Ende des Textes.

Leitfaden: Eine dialektische Erörterung verfassen

	Das konnte ich in der 1. Übung	2. Übung	3. Übung
1. Planen			
• Ich benenne den **strittigen Sachverhalt** und formuliere eine **Frage** zu den **Pro- und Contra-Standpunkten** (s. Aufgabenstellung).	☺ 😐 ☹	☺ 😐 ☹	☺ 😐 ☹
• Ich erschließe die **Materialien** und markiere darin **inhaltliche Aspekte zu den beiden Standpunkten** in verschiedenen Farben.	☺ 😐 ☹	☺ 😐 ☹	☺ 😐 ☹
• Ich formuliere **Behauptungen** zu den beiden Standpunkten.	☺ 😐 ☹	☺ 😐 ☹	☺ 😐 ☹
• Ich lege den **Standpunkt** fest, **den ich vertreten möchte**.	☺ 😐 ☹	☺ 😐 ☹	☺ 😐 ☹
• Ich wähle die **drei stärksten Behauptungen** (je Standpunkt) aus.	☺ 😐 ☹	☺ 😐 ☹	☺ 😐 ☹
• Ich entfalte die Behauptungen zu **vollständigen Argumenten**.	☺ 😐 ☹	☺ 😐 ☹	☺ 😐 ☹
• Ich notiere Stichworte für die **Einleitung** und den **Schlussteil**.	☺ 😐 ☹	☺ 😐 ☹	☺ 😐 ☹
2. Entwurf schreiben			
• Ich schreibe in einer sinnvollen Reihenfolge und mache **Absätze**: **Einleitung:** strittiger Sachverhalt, beide Standpunkte als Frage;	☺ 😐 ☹	☺ 😐 ☹	☺ 😐 ☹
Hauptteil: zu jedem Standpunkt drei vollständige Argumente;	☺ 😐 ☹	☺ 😐 ☹	☺ 😐 ☹
Schluss: Argumente abwägen und bewerten, eigenen Standpunkt nennen und begründen, persönliche Bemerkung.	☺ 😐 ☹	☺ 😐 ☹	☺ 😐 ☹
• Ich verknüpfe die Argumente mit **sprachlichen Überleitungen**.	☺ 😐 ☹	☺ 😐 ☹	☺ 😐 ☹
• Ich kennzeichne übernommene Aussagen als **Zitate**.	☺ 😐 ☹	☺ 😐 ☹	☺ 😐 ☹
• Ich schreibe **sachlich** und **in eigenen Worten**.	☺ 😐 ☹	☺ 😐 ☹	☺ 😐 ☹
3. Entwurf überarbeiten und sauber abschreiben			
• Ich kontrolliere die **Zeichensetzung** und **Rechtschreibung**.	☺ 😐 ☹	☺ 😐 ☹	☺ 😐 ☹

Leitfaden: Eine Rede beschreiben

	Das konnte ich in der 1. Übung	2. Übung	3. Übung
1. Planen			
• Ich informiere mich ggf. in einem **Sachtext** über das Ereignis.	☺ 😐 ☹	☺ 😐 ☹	☺ 😐 ☹
• Ich erschließe die **Rede** und markiere **wichtige Textstellen**.	☺ 😐 ☹	☺ 😐 ☹	☺ 😐 ☹
• Ich legen einen **Schreibplan** an und halte meine Ergebnisse fest.	☺ 😐 ☹	☺ 😐 ☹	☺ 😐 ☹
2. Entwurf schreiben			
• Ich formuliere eine **Einleitung** (= Redesituation).	☺ 😐 ☹	☺ 😐 ☹	☺ 😐 ☹
• Ich formuliere eine **Vermutung zum Redeziel** (= Deutungshypothese).	☺ 😐 ☹	☺ 😐 ☹	☺ 😐 ☹
• Ich beschreibe den **Aufbau** der Rede.	☺ 😐 ☹	☺ 😐 ☹	☺ 😐 ☹
• Ich erläutere den **Gedankengang** der Rede.	☺ 😐 ☹	☺ 😐 ☹	☺ 😐 ☹
• Ich beschreibe die **Redetechnik** und ihre **Wirkung**.	☺ 😐 ☹	☺ 😐 ☹	☺ 😐 ☹
• Ich formuliere das **Redeziel** (Bezugnahme auf Deutungshypothese).	☺ 😐 ☹	☺ 😐 ☹	☺ 😐 ☹
• Ich beurteile, ob der Redner sein **Ziel erreicht** hat.	☺ 😐 ☹	☺ 😐 ☹	☺ 😐 ☹
• Ich nehme zu einer **Aussage** begründet Stellung.	☺ 😐 ☹	☺ 😐 ☹	☺ 😐 ☹
• Ich verwende das **Präsens** bzw. die richtige **Vergangenheitsform**.	☺ 😐 ☹	☺ 😐 ☹	☺ 😐 ☹
• Ich schreibe **sachlich, in eigenen Worten** und nutze **Fachbegriffe**.	☺ 😐 ☹	☺ 😐 ☹	☺ 😐 ☹
• Ich untermauere Wichtiges mit **Textbelegen** und **zitiere** sie **richtig**.	☺ 😐 ☹	☺ 😐 ☹	☺ 😐 ☹
• Ich füge **sinnvolle Absätze** ein.	☺ 😐 ☹	☺ 😐 ☹	☺ 😐 ☹
3. Entwurf überarbeiten und sauber abschreiben			
• Ich kontrolliere die **Rechtschreibung** und **Zeichensetzung**.	☺ 😐 ☹	☺ 😐 ☹	☺ 😐 ☹

Hinweise zum Leitfaden: Eine dialektische Erörterung verfassen

1. So entwickelst du vollständige Argumente:

Behauptung: *Der Körper von Jugendlichen verändert sich durch die Pubertät stark. Body Positivity hilft ihnen dabei, ein positives Bewusstsein für ihren Körper zu entwickeln.*

Begründung: *Man lernt, den eigenen Körper mit seinen Stärken und Schwächen zu akzeptieren und sich nicht für ihn zu schämen.*

Beispiel: *Viele Jugendliche werden gehänselt, wenn sie nicht schlank sind. Sie versuchen dann oft, mithilfe von radikalen Diäten oder exzessivem Sport abzunehmen, um von anderen akzeptiert zu werden.*

Folgen: *Die Jugendlichen kommen nicht mehr auf die Idee, einem bestimmten Schönheitsideal entsprechen zu müssen. Sie nehmen Abstand von gesundheitsschädlichen Diäten und sind weniger gefährdet, an Magersucht oder Bulimie zu erkranken.*

2. So ordnest du deine Argumente im Hauptteil deiner Erörterung an:

- Stelle die Argumente der Pro- und der Contra-Seite nacheinander dar. Beginne dabei mit der Seite, die du nicht befürwortest.
- Ordne die **Argument-Blöcke in Form einer Sanduhr** an: Beginne dazu mit dem stärksten Argument des Gegenstandpunkts und ende mit dem stärksten Argument der Seite, die du vertrittst.
- Baue die einzelnen Argumente **inhaltlich aufeinander auf** und verknüpfe sie mit **sprachlichen Überleitungen:** *Auf den ersten Blick scheint Body Positivity nur mit Vorteilen verbunden zu sein, denn … – Ein zweiter wichtiger Aspekt, der für Body Positivity spricht ist zweifelsohne auch … – Damit einher geht auch … – Außerdem sollte man nicht vergessen, dass … – Andererseits gibt es auch Risiken, die gegen Body Positivity sprechen. So sollte nicht unerwähnt bleiben, dass … – Wichtig ist auch …, weil … – Wie man auch an dem Beispiel sehen kann … – Das wichtigste Argument ist für mich aber … – Es ist nämlich nicht von der Hand zu weisen …*

Hinweise zum Leitfaden: Eine Rede beschreiben

1. So kannst du die Redesituation in der Einleitung darstellen:
Die vorliegende Rede wurde von … am … in … anlässlich … gehalten. Er/Sie sprach vor … – In der Rede geht es darum, dass … – Der Redner / Die Rednerin thematisiert … – Im Zentrum der Rede steht …

2. So formulierst du eine Vermutung zum Redeziel:
… möchte mit der Rede wahrscheinlich zum Ausdruck bringen, dass … – Ich nehme an, dass … mit der Rede an das Publikum appellieren möchte … – Das Ziel der Rede wird bestimmt sein, an … zu erinnern. – Bestimmt möchte der Redner zeigen, dass … – Möglicherweise möchte er eine Mahnung aussprechen, damit …

3. So beschreibst du den Aufbau der Rede:
Der Redner / Die Rednerin beginnt seine/ihre Ansprache mit … – Zu Beginn verdeutlicht er/sie … – Als Erstes … – Zunächst … – Er geht dann dazu über … – Schließlich beschreibt er, wie … – Zuletzt stellt er dar, wie …

4. So beurteilst du, ob der Redner / die Rednerin das Redeziel erreicht hat:
Meiner Meinung nach hat … durch seine Argumente und die verwendete Sprache seine Ziele (nicht) erreicht, da … – Ich denke, dass der Redner seine Zuhörer manipuliert, sodass …

5. So formulierst du eine Stellungnahme zu einer Aussage:
Ich teile diese Meinung nicht, da … – Meines Erachtens sollte … – Ich stimme dieser Meinung nur teilweise zu …

Leitfaden: Einen Brief aus der Sicht einer literarischen Figur verfassen

	Das konnte ich in der 1. Übung	2. Übung	3. Übung
1. Planen			
• Ich mache mir die **Aufgabenstellung** klar und markiere: Wer schreibt? Wem wird geschrieben? Warum wird geschrieben?	☺ 😐 ☹	☺ 😐 ☹	☺ 😐 ☹
• Ich versetze mich in die Figur, aus deren Sicht ich schreiben soll.	☺ 😐 ☹	☺ 😐 ☹	☺ 😐 ☹
• Ich lese die Textvorlage und markiere Antworten auf folgende Fragen: Von welchen Ereignissen und Vorgängen möchte ich erzählen? Welche Gefühle bewegen mich dabei? Gibt es etwas, das mir Kopfzerbrechen bereitet? Erhoffe ich mir einen Rat?	☺ 😐 ☹	☺ 😐 ☹	☺ 😐 ☹
• Ich lege ein **Cluster** an und halte darin meine Antworten fest.	☺ 😐 ☹	☺ 😐 ☹	☺ 😐 ☹
• Ich lege eine **Reihenfolge** fest und nummeriere dazu die Notizen.	☺ 😐 ☹	☺ 😐 ☹	☺ 😐 ☹
2. Entwurf schreiben			
• Ich schreibe in der **Ich-Form** aus der Sicht der vorgegebenen Figur über die Ereignisse in dem Text.	☺ 😐 ☹	☺ 😐 ☹	☺ 😐 ☹
• Ich stelle **Gedanken** und **Gefühle** der Figur nachvollziehbar dar.	☺ 😐 ☹	☺ 😐 ☹	☺ 😐 ☹
• Ich wähle eine **Sprache**, die dem Adressaten **angemessen** ist.	☺ 😐 ☹	☺ 😐 ☹	☺ 😐 ☹
• Ich **spreche** den Adressaten immer wieder **persönlich an**.	☺ 😐 ☹	☺ 😐 ☹	☺ 😐 ☹
• Ich beachte die **Form eines Briefes**.	☺ 😐 ☹	☺ 😐 ☹	☺ 😐 ☹
3. Entwurf überarbeiten und sauber abschreiben			
• Ich kontrolliere die **Zeichensetzung** und **Rechtschreibung**.	☺ 😐 ☹	☺ 😐 ☹	☺ 😐 ☹

Leitfaden: Einen Dialog verfassen

	Das konnte ich in der 1. Übung	2. Übung	3. Übung
1. Planen			
• Ich mache mir die **Aufgabenstellung** klar: Welche Personen sprechen miteinander und in welcher Situation?	☺ 😐 ☹	☺ 😐 ☹	☺ 😐 ☹
• Ich versetze mich in die Figuren, aus deren Sicht ich schreiben soll: Welche Einstellungen könnten sie vertreten?	☺ 😐 ☹	☺ 😐 ☹	☺ 😐 ☹
• Ich lese den Textauszug und notiere mir **Antworten auf die Fragen** in der Aufgabenstellung.	☺ 😐 ☹	☺ 😐 ☹	☺ 😐 ☹
2. Entwurf schreiben			
• Ich nenne zuerst die **Situation** und die **Gesprächspartner**.	☺ 😐 ☹	☺ 😐 ☹	☺ 😐 ☹
• Ich schreibe in der **Ich-Form** aus der Sicht der Figuren.	☺ 😐 ☹	☺ 😐 ☹	☺ 😐 ☹
• Ich gebe die **Inhalte des Originaltextes** wieder und beachte dabei die **Einstellung der Figuren**.	☺ 😐 ☹	☺ 😐 ☹	☺ 😐 ☹
• Ich stelle **Gedanken** und **Gefühle** nachvollziehbar dar.	☺ 😐 ☹	☺ 😐 ☹	☺ 😐 ☹
• Ich wähle eine **Sprache**, die dem Adressaten **angemessen** ist.	☺ 😐 ☹	☺ 😐 ☹	☺ 😐 ☹
• Ich achte darauf, dass die Figuren sich **aufeinander beziehen**.	☺ 😐 ☹	☺ 😐 ☹	☺ 😐 ☹
3. Entwurf überarbeiten und sauber abschreiben			
• Ich prüfe, ob ich durchgängig die **Ich-Form** verwendet habe.	☺ 😐 ☹	☺ 😐 ☹	☺ 😐 ☹
• Ich prüfe, ob die **Gedanken** und **Gefühle** passend sind.	☺ 😐 ☹	☺ 😐 ☹	☺ 😐 ☹
• Ich kontrolliere die **Zeichensetzung** und **Rechtschreibung**.	☺ 😐 ☹	☺ 😐 ☹	☺ 😐 ☹

Hinweise zum Leitfaden: Einen Brief aus der Sicht einer literarischen Figur verfassen

Hier findest du Beispiele, wie du zu einem literarischen Text einen Brief schreiben kannst:

1. Denke daran, die Formmerkmale eines Briefes einzuhalten. Dazu gehören:
- Ort und Datum: *Goldach, den ...*
- persönliche Anrede: *Liebe Marie – Meine liebe Schwester / Mein lieber Freund, ...*
  Setzt du nach der Anrede ein Komma, schreibst du in der nächsten Zeile klein weiter. Verwendest du ein Ausrufezeichen, musst du in der folgenden Zeile das erste Wort großschreiben.
- Grußformel: *Herzliche Grüße – Liebe Grüße sendet dir ... – Sei herzlich gegrüßt – Viele Grüße aus Goldach!*
- Unterschrift: *dein Freund Wenzel – dein Freund aus alten Jugendzeiten – dein Wenzel*

2. Sprich den Empfänger des Briefes immer wieder persönlich an:
Ich weiß, wir haben lange nicht mehr voneinander gehört ... – Das ist doch wunderbar, wirst du sagen ... – Nein, Heinrich, da irrst du dich! – Denk dir nur, plötzlich kamen diese ganzen nobel gekleideten Herren an meinen Tisch und ... – Dazu musst du wissen ... – Meinst du denn ... – Stell dir vor ... – Du wirst nicht glauben, was mir heute ... – Ich bitte dich, schreibe mir bald zurück, denn ich weiß wirklich nicht mehr, wie ich aus dieser Sache ...

3. So kannst du Gefühle und Gedanken formulieren:
verwirrt sein – alles richtig machen wollen – sich unverstanden fühlen – sich hilflos fühlen – das Gefühl verspüren, keine Wahl zu haben – sich fremd fühlen – allein gelassen – an früher erinnert werden – sich unwohl/wohl fühlen – missverstanden werden – sich aufgenommen fühlen – sich einleben – Ausflüchte suchen

Hinweise zum Leitfaden: Einen Dialog verfassen

Hier findest du Beispiele, wie du zu einem literarischen Text einen Dialog schreiben kannst:

1. Benenne die Personen, die sich in deinem Dialog unterhalten sollen, und die Gesprächssituation, in der sie sich befinden:
Böhni erzählt am nächsten Morgen seiner Schwester Augusta beim Frühstück von dem Fremden, der nach Goldach gekommen ist. – Beim Frühstück am nächsten Morgen unterhält sich Böhni mit seiner Schwester Augusta, die im selben Haus lebt. Er berichtet ihr von dem Fremden und teilt ihr mit, wie er diesen einschätzt und was er sich erhofft.

2. Passe die Sprache und den Inhalt des Dialogs deinem Gesprächspartner (Kollegen, Untergebene, Verwandte, Freunde) an. Überlege dazu:
Welches Alter hat er? Wie gut kennt er die Person, aus deren Sicht du schreibst? Was wissen sie voneinander? Welchen sozialen Stand oder Beruf hat er? Welche Einstellungen und Interessen könnten damit einhergehen?

3. So kannst du Gefühle und Gedanken formulieren:
jemanden in ein Geheimnis einweihen – amüsiert sein – alles richtig machen wollen – sich auf einen Skandal freuen – sich überlegen fühlen – schadenfroh sein – sich besonders clever fühlen – Zweifel haben, ob man das Richtige macht – Zuspruch erwarten – sich über andere lustig machen – ablehnend reagieren – entsetzt/schockiert/neugierig sein – begierig auf Einzelheiten warten – sich auf Abwechslung freuen – sich im fremden Glanz sonnen – sich darauf freuen, anderen etwas erzählen zu können

Leitfaden: Einen inneren Monolog schreiben

	Das konnte ich in der 1. Übung	2. Übung	3. Übung
1. Planen			
• Ich mache mir **die Aufgabenstellung** klar (Figur und Situation, in welcher der innere Monolog stattfindet) und erschließe den Text.	☺ 😐 ☹	☺ 😐 ☹	☺ 😐 ☹
• Ich versetze mich in die **Figur**, aus deren Sicht ich schreiben soll.	☺ 😐 ☹	☺ 😐 ☹	☺ 😐 ☹
• In einem **Cluster** halte ich Antworten auf folgende Fragen fest:			
– Was hat die Figur erlebt? Welche Figuren waren beteiligt?	☺ 😐 ☹	☺ 😐 ☹	☺ 😐 ☹
– Was denkt und fühlt die Figur dabei?	☺ 😐 ☹	☺ 😐 ☹	☺ 😐 ☹
– Wie hat sich die Figur verhalten und warum?	☺ 😐 ☹	☺ 😐 ☹	☺ 😐 ☹
– Welche Erwartungen hat die Figur für die Zukunft?	☺ 😐 ☹	☺ 😐 ☹	☺ 😐 ☹
2. Entwurf schreiben			
• Ich beachte beim Schreiben die **Aufgabenstellung**.	☺ 😐 ☹	☺ 😐 ☹	☺ 😐 ☹
• Ich schreibe in der **Ich-Form** aus der Sicht der vorgegebenen Figur über die Ereignisse in dem Textauszug.	☺ 😐 ☹	☺ 😐 ☹	☺ 😐 ☹
• Ich beachte die **Merkmale eines inneren Monologs** (Fragen an sich selbst, Ausrufe, umgangssprachliche Ausdrücke ...).	☺ 😐 ☹	☺ 😐 ☹	☺ 😐 ☹
• Ich schreibe im **Präsens**, für Vergangenes nutze ich das **Perfekt**.	☺ 😐 ☹	☺ 😐 ☹	☺ 😐 ☹
3. Entwurf überarbeiten und sauber abschreiben			
• Ich prüfe, ob mein Text zum richtigen **Zeitpunkt** einsetzt.	☺ 😐 ☹	☺ 😐 ☹	☺ 😐 ☹
• Ich prüfe, ob ich durchgängig die **Ich-Form** verwendet habe.	☺ 😐 ☹	☺ 😐 ☹	☺ 😐 ☹
• Ich kontrolliere die **Rechtschreibung** und **Zeichensetzung**.	☺ 😐 ☹	☺ 😐 ☹	☺ 😐 ☹

Leitfaden: Einen Tagebucheintrag schreiben

	Das konnte ich in der 1. Übung	2. Übung	3. Übung
1. Planen			
• Ich mache mir die **Aufgabenstellung** klar und lese den Textauszug.	☺ 😐 ☹	☺ 😐 ☹	☺ 😐 ☹
• Ich versetze mich in die **Figur**, aus deren Sicht ich schreiben soll.	☺ 😐 ☹	☺ 😐 ☹	☺ 😐 ☹
• In einem **Cluster** halte ich Antworten auf folgende Fragen fest:			
– Über welche Situation denkt die Figur nach? Was hat sie erlebt?	☺ 😐 ☹	☺ 😐 ☹	☺ 😐 ☹
– Was hat sie dabei empfunden?	☺ 😐 ☹	☺ 😐 ☹	☺ 😐 ☹
– Was denkt die Figur über andere Personen und ihr Verhalten?	☺ 😐 ☹	☺ 😐 ☹	☺ 😐 ☹
– Was erwartet sie in naher Zukunft? Was nimmt sie sich vor?	☺ 😐 ☹	☺ 😐 ☹	☺ 😐 ☹
2. Entwurf schreiben			
• Ich beachte beim Schreiben die **Aufgabenstellung**.	☺ 😐 ☹	☺ 😐 ☹	☺ 😐 ☹
• Ich schreibe in der **Ich-Form** aus der Sicht der vorgegebenen Figur über die Ereignisse in dem Textauszug.	☺ 😐 ☹	☺ 😐 ☹	☺ 😐 ☹
• Ich schreibe **lebendig** und **anschaulich**. Dabei stelle ich die Gefühle und Gedanken der Figur dar (Wünsche/Ängste).	☺ 😐 ☹	☺ 😐 ☹	☺ 😐 ☹
• Ich achte auf die korrekten **Zeitformen**.	☺ 😐 ☹	☺ 😐 ☹	☺ 😐 ☹
• Ich beachte die **Merkmale eines Tagebucheintrags**.	☺ 😐 ☹	☺ 😐 ☹	☺ 😐 ☹
3. Entwurf überarbeiten und sauber abschreiben			
• Ich prüfe, ob ich durchgängig die **Ich-Form** verwendet habe.	☺ 😐 ☹	☺ 😐 ☹	☺ 😐 ☹
• Ich kontrolliere die **Rechtschreibung** und **Zeichensetzung**.	☺ 😐 ☹	☺ 😐 ☹	☺ 😐 ☹

Hinweise zum Leitfaden: Einen inneren Monolog schreiben

Hier findest du Formulierungshilfen für deinen inneren Monolog:

Die Figur, aus deren Sicht du schreibst, soll ihren Gedanken und Gefühlen freien Lauf lassen. Daher kann die Sprache deines inneren Monologs sehr sprunghaft sein. Verwende deshalb sprachliche Besonderheiten wie:

1. Ausrufe:
Ich fasse es nicht! – Sie wusste doch nicht, worauf sie sich einließ! – Die Liebe zu mir ist tödlich! – Oh, mein Gott! Was muss ich noch alles auf mich nehmen? – Jetzt bin ich vollkommen allein! – Die Wissenschaft zerstört alles! – Ich konnte dieses Risiko einfach nicht eingehen. – Ich liebe Sie! Mein Gott, hätte sie doch nur geschwiegen!

2. Fragen an sich selbst:
Musstest du ihr deine Liebe gestehen? – Reichte es denn nicht, Frau und Kinder vertrieben zu haben? – Aber war es wirklich ihnen zuliebe? Oder hat mich einfach der Frust überwältigt? – Warum musste ich nur auf diese Erkenntnisse kommen? – Weshalb hat sie sich auch an Professor Scherbert wenden müssen? Ausgerechnet ihn, meinen alten Lehrer! – Und jetzt? Wie geht es weiter?

3. Unvollständige Gedankengänge:
Vielleicht, wenn sie meine Warnungen ernst genommen hätte … – Wer weiß, ob ich eines Tages nicht doch …

Du schreibst deinen inneren Monolog im **Präsens**. Wenn deine Figur über Vergangenes nachdenkt, musst du eine **Zeitform der Vergangenheit** nutzen: *Wenn ich <u>bedenke</u> (Präsens), dass ich ihr wirklich meine Liebe <u>gestanden habe</u>.* (Perfekt)

Hinweise zum Leitfaden: Einen Tagebucheintrag schreiben

Hier findest du Formulierungshilfen für deinen Tagebucheintrag:

Wenn du aus der Sicht deiner Figur etwas wiedergeben willst, was eine andere Figur gesagt hat, hast du zwei Möglichkeiten:

1. Direkte (wörtliche) Rede:
a) *Sie sagte mir tatsächlich: „Sie haben sonst niemanden auf der Welt."*
b) *„Ich sprach mit Fräulein Doktor von Zahnd." Ich habe zuerst gedacht, ich höre nicht recht, als sie damit herauskam.*
Beachte dabei die Zeichen der wörtlichen Rede (Doppelpunkt, Anführungsstriche, Komma).

2. Wörtliche Rede in eigenen Worten (indirekt) wiedergeben:
a) Mit einem ***dass*-Satz**: *Dass sie auch mit Professor Scherbert Kontakt aufgenommen hatte, verriet sie mir dann.*
b) Durch **Umschreiben**: *Monika warf mir vor, meine Familie schrecklich behandelt zu haben.*

3. So kannst du die Gedanken und Gefühle der Figur zum Ausdruck bringen:
Mir verschlug es vor Schreck zunächst die Sprache, als sie mir ihre Liebe gestand. – Ich liebte sie doch auch … obwohl, tat ich das wirklich? – Muss ich denn mein Leben lang für meine schrecklichen Erkenntnisse büßen? – Sie tut mir ja so leid. Sie wollte sich voll und ganz für mich einsetzen und dafür ihr altes Leben aufgeben. – Ich war hin- und hergerissen: Was sollte ich tun? Aber sie mit meinen Geheimnissen an die Öffentlichkeit gehen lassen … Nein, das durfte nicht sein!

Leitfaden: Einen erzählenden Text beschreiben

Das konnte ich in der	1. Übung	2. Übung	3. Übung
1. Planen			
• Ich erschließe den Text mit der **Lesemethode**.	☺ 😐 ☹	☺ 😐 ☹	☺ 😐 ☹
• Ich lege mir einen **Schreibplan** an und mache mir darin stichwortartig Notizen zu meiner Textuntersuchung.	☺ 😐 ☹	☺ 😐 ☹	☺ 😐 ☹
2. Entwurf schreiben			
• Ich verfasse einen **Einleitungssatz** (TATTE).	☺ 😐 ☹	☺ 😐 ☹	☺ 😐 ☹
• Ich fasse den **Inhalt knapp** und **mit eigenen Worten** zusammen.	☺ 😐 ☹	☺ 😐 ☹	☺ 😐 ☹
• Ich beschreibe gründlich die einzelnen **Inhaltsaspekte**.	☺ 😐 ☹	☺ 😐 ☹	☺ 😐 ☹
• Ich beschreibe vollständig die **formale und sprachliche Gestaltung** des Textes und erläutere deren **Wirkung**.	☺ 😐 ☹	☺ 😐 ☹	☺ 😐 ☹
• Ich schreibe eine mögliche **Deutung** des Textes.	☺ 😐 ☹	☺ 😐 ☹	☺ 😐 ☹
• Ich formuliere eine persönliche **Stellungnahme**.	☺ 😐 ☹	☺ 😐 ☹	☺ 😐 ☹
• Ich schreibe **sachlich** (Fachbegriffe) und im **Präsens**.	☺ 😐 ☹	☺ 😐 ☹	☺ 😐 ☹
• Ich **belege** meine Ausführungen mit Textstellen und **zitiere** richtig.	☺ 😐 ☹	☺ 😐 ☹	☺ 😐 ☹
3. Entwurf überarbeiten und sauber abschreiben			
• Ich prüfe, ob ich die **Arbeitsschritte vollständig** berücksichtigt habe.	☺ 😐 ☹	☺ 😐 ☹	☺ 😐 ☹
• Ich prüfe, ob ich meine Ausführungen **ausreichend belegt** habe.	☺ 😐 ☹	☺ 😐 ☹	☺ 😐 ☹
• Ich kontrolliere die **Rechtschreibung** und **Zeichensetzung**.	☺ 😐 ☹	☺ 😐 ☹	☺ 😐 ☹

Leitfaden: Ein Gedicht beschreiben

Das konnte ich in der	1. Übung	2. Übung	3. Übung
1. Planen			
• Ich erschließe das Gedicht mit der **Lesemethode**.	☺ 😐 ☹	☺ 😐 ☹	☺ 😐 ☹
• Ich lege mir einen **Schreibplan** an und mache mir darin stichwortartig Notizen zu meiner Gedichtuntersuchung.	☺ 😐 ☹	☺ 😐 ☹	☺ 😐 ☹
2. Entwurf verfassen			
• Ich verfasse einen **Einleitungssatz** (TATTE).	☺ 😐 ☹	☺ 😐 ☹	☺ 😐 ☹
• Ich gebe den **Inhalt knapp** und **mit eigenen Worten** wieder.	☺ 😐 ☹	☺ 😐 ☹	☺ 😐 ☹
• Ich beschreibe gründlich die **formale und sprachliche Gestaltung** des Gedichts und setze sie mit dem Inhalt in Beziehung. Dabei erläutere ich schlüssig deren **Wirkung** (z. B. auf die Atmosphäre im Gedicht).	☺ 😐 ☹	☺ 😐 ☹	☺ 😐 ☹
• Ich schreibe eine mögliche **Deutung** des Gedichts und belege sie.	☺ 😐 ☹	☺ 😐 ☹	☺ 😐 ☹
• Ich formuliere eine persönliche **Stellungnahme**.	☺ 😐 ☹	☺ 😐 ☹	☺ 😐 ☹
• Ich schreibe **sachlich** (Fachbegriffe) und **in eigenen Worten**.	☺ 😐 ☹	☺ 😐 ☹	☺ 😐 ☹
• Ich verwende das **Präsens**.	☺ 😐 ☹	☺ 😐 ☹	☺ 😐 ☹
• Ich **belege** meine Antworten mit Textstellen und **zitiere** richtig.	☺ 😐 ☹	☺ 😐 ☹	☺ 😐 ☹
3. Entwurf überarbeiten und sauber abschreiben			
• Ich prüfe, ob ich die **Arbeitsschritte vollständig** berücksichtigt habe.	☺ 😐 ☹	☺ 😐 ☹	☺ 😐 ☹
• Ich prüfe, ob ich meine Ausführungen **ausreichend belegt** habe.	☺ 😐 ☹	☺ 😐 ☹	☺ 😐 ☹
• Ich kontrolliere die **Rechtschreibung** und **Zeichensetzung**.	☺ 😐 ☹	☺ 😐 ☹	☺ 😐 ☹

Hinweise zum Leitfaden: Einen erzählenden Text beschreiben

1. So leitest du in deine Textbeschreibung ein und erfasst das Thema:
Die Kalendergeschichte wurde von ... verfasst und im Jahre ... veröffentlicht. In dem Text geht es um einen Diener, der seinem launischen Dienstherrn nach einem erneuten Wutausbruch den Spiegel vorhält, sodass dieser ... / Der Text zeigt am Beispiel eines Dieners und seines launischen Dienstherrn, wie man ...

2. So fasst du den Inhalt des Textes zusammen:
Orientiere dich an den Sinnabschnitten und gib die Handlung sowie die Aussagen knapp, in eigenen Worten und im Präsens wieder. Verwende für Ereignisse aus der Vergangenheit das Perfekt:
Nachdem der Dienstherr die Suppenschüssel durch das Fenster in den Hof geworfen hat, tut der Diener es seinem Herrn, ohne lange zu überlegen, gleich und schmeißt das restliche Essen ebenfalls in den Hof.

3. So untersuchst du die sprachliche Gestaltung eines Textes:
Nenne die verwendeten sprachlichen Gestaltungsmittel (z. B. Häufung von Adjektiven). Überlege dann, wie sie mit dem Inhalt zusammenhängen, und erläutere ihre Wirkung:
Der Autor verwendet zahlreiche Adjektive, die er oft zu zweit in Satzeinschüben aneinanderreiht („schwer und unmöglich", Z. 1; „nicht schlimm, sondern nur wunderlich", Z. 3; „inwendig und auswendig", Z. 4; „nie zu eigensinnig und nie zu nachgiebig", Z. 4–5). Damit beschreibt er anschaulich und abwechslungsreich die Figuren und die Situation, weil man sich mit ihrer Hilfe ein gutes Bild von dem Geschehen machen kann. Durch die Aneinanderreihung der Adjektive wirkt die jeweilige Zuschreibung intensiver, sodass die Aussagen verstärkt wahrgenommen / eindringlicher empfunden werden.
Sprachliche Bilder wie Metaphern oder Personifikationen musst du außerdem entschlüsseln und ihre mögliche Bedeutung erklären.

Hinweise zum Leitfaden: Ein Gedicht beschreiben

1. So leitest du in deine Gedichtbeschreibung ein:
Das Gedicht ... wurde von ... im Jahre ... geschrieben. – Die Dichterin ... verfasste ... das Gedicht mit dem Titel ...
Achte darauf, das Thema allgemeingültig zu formulieren: *Die Autorin zeigt mit ihrem Gedicht, dass ... – ... beschreibt in ihrem Gedicht ..., wie ... – Das Gedicht handelt von einer düsteren Zukunft, in der es ...*

2. So gibst du den Inhalt eines Gedichts wieder:
Fasse den **Inhalt** (Situation, Gedanken, Gefühle ...) **strophenweise / nach Sinnabschnitten** zusammen: Das Gedicht beginnt damit, dass ... – Es folgt ... – Danach erfährt der Leser, wie ... – Das Gedicht endet damit, dass ...

3. So nimmst du zu einem Gedicht persönlich Stellung:
- Vergleiche das Gedicht mit deinen **eigenen Erfahrungen**. Dazu überträgst du die Situation, Gedanken oder Gefühle aus dem Gedicht auf dich und deine Umgebung:
  Obwohl das Gedicht schon mindestens fünfunddreißig Jahre alt ist, hat seine Aussage in unseren Zeiten des Klimawandels mit all seinen negativen Folgen nichts an Aktualität verloren. Auch mir geht es so, dass ich ...
- Erkläre, warum dich das Gedicht **besonders anspricht** oder **nachdenklich gemacht hat**:
  Mir gefällt die sachliche Darstellung des Stadtspaziergangs. Die Dichterin verwendet keinen erhobenen Zeigefinger, sondern beschreibt ohne Emotionen, wie ... Das hat auf mich viel intensiver gewirkt, als wenn sie ... Ich habe mir daraufhin vorgestellt, wie es mir wohl ergehen würde, wenn ich in so einer Umgebung ...
- Nimm die Aussage des Gedichts zum Anlass, um dich über **eigene Wünsche, Hoffnungen** oder **Zukunftsaussichten** zu äußern: *Ich hoffe, dass ich selbst nie in einer solchen Gegend leben muss, wie ... – Mein Wunsch ist daher, dass die Menschen den Klimawandel endlich ernst nehmen und sich dafür einsetzen, dass ...*

Leitfaden: Textaussagen richtig wiedergeben und belegen

1. Wozu Textaussagen wiedergeben?

Wenn du eigene Texte verfasst, ist es manchmal notwendig, Aussagen aus anderen Texten wiederzugeben, z.B.
– in argumentierenden Texten, um sich mit bestimmten Aussagen/Meinungen auseinanderzusetzen,
– in Textbeschreibungen, um die Ergebnisse der eigenen Textuntersuchung zu belegen.
Fasst du z.B. für eine Textbeschreibung einen Text zusammen, solltest du ihn jedoch in eigenen Worten wiedergeben und auf Zitate verzichten.

Bei der Wiedergabe von Textaussagen musst du zwei Grundsätze beachten:
1. Der Leser muss erkennen können, dass du die Textaussagen übernommen hast.
2. Der Leser muss die Textstellen, auf die du dich beziehst, am Originaltext nachprüfen können.

2. So gibst du Textaussagen richtig wieder:

Wörtlich zitieren:

- Du kannst eine Textstelle wörtlich wiedergeben. Dafür musst du sie buchstabengetreu übernehmen und in Anführungszeichen setzen.
- Auslassungen im Text machst du durch eine Klammer mit drei Pünktchen kenntlich: [...].
- Damit der Leser deine Angabe überprüfen kann, musst du den Fundort der Textstelle in Klammern, durch Kommas gegliedert, genau angeben (Titel des Buches, Seite, Zeilennummern):
  Peter Holzwarth, Dozent für Medienbildung an der pädagogischen Hochschule in Zürich, stellt fest: „[...] [E]s wird mit dem medial propagierten Bedürfnis nach einem schlankeren, muskulöseren Körper extrem viel Geld verdient. In gewisser Weise wird ein Problem konstruiert, um dann auch gleich die Lösung anbieten zu können [...].“ (Arbeitsheft Klartext 10, S. 14, Z. 14–17). Daher bin ich der Meinung, dass ...
- Auf die Angabe von Titel und Seiten kannst du verzichten, wenn diese dem Leser bekannt sind:
  Schon der Titel und der erste Vers des Gedichts „Eines Tages“ (V. 1) machen deutlich, dass sich der Text auf die Zukunft bezieht. Dies zeigt sich auch in der Verwendung des Futurs in den Verbformen, wenn die Dichterin den Spaziergang des Vaters mit seinem Sohn beschreibt: „Er wird mit ihm // durch die glasüberdeckten Straßen gehen [...].“ (V. 3–4)

Indirekte Wiedergabe:

- Du kannst eine Textaussage auch sinngemäß, d.h. nicht buchstabengetreu, wiedergeben durch die Verwendung des **Konjunktivs** oder mithilfe eines ***dass*-Satzes**.
- Beziehe dich in einem einleitenden Satz auf den Sprecher, dessen Aussage du wiedergeben möchtest. Danach ergänzt du sinngemäß seine Aussage/Meinung im **Konjunktiv I**:
  Zu Beginn der Kalendergeschichte erfährt man von dem auktorialen Erzähler, dass der Umgang mit manchen Menschen nicht immer leicht sei (vgl. Z. 1–2). Er macht aber sofort deutlich, dass man diese Menschen bekehren könne, indem man ihnen ihre Eigenarten nicht einfach durchgehen lasse (vgl. Z. 4 –6).
- Wenn du eine Frage durch ein **Fragewort** (was, wie, warum ...) oder eine **Aussage in einem *dass*-Satz** wiedergibst, kannst du auch den **Indikativ** verwenden:
  Nach der rhetorischen Frage des Erzählers, was der Diener hierauf tut, erfährt der Leser, dass dieser, ohne zu zögern, das restliche Essen, die Getränke und sogar das Tischtuch in den Hof wirft, wie es sein Dienstherr kurz zuvor mit der Suppe getan hat (vgl. Z. 12–15).
- Beachte bei der Verwendung der indirekten Rede:

– die Änderung der **Pronomen**: *ich → er, sie /wir → sie, mein/e → sein/e, ihr/e.*
– die korrekte Bildung des **Konjunktivs**. Nutze dazu den *Leitfaden: Die Indikativ- und Konjunktivformen im Überblick (Seite XI).*

Leitfaden: Sprachliche Gestaltungsmittel

Fachbegriff	Bedeutung und Beispiel	eigene Beispiele
Akkumulation	Häufung von Wörtern, die thematisch zusammengehören: *„bösartige, verachtenswerte Terrorakte“.*	
Alliteration	Mehrere Wörter in einem Satz/Vers beginnen mit demselben Anfangsbuchstaben: *„Seel' an Seele“.*	
Anapher	Wörter oder Wortgruppen werden zu Beginn aufeinanderfolgender Sätze oder Verse wiederholt: *„alle Lichter, alle Blumen“.*	
Antithese	Gegensätzliche Wörter werden gegenübergestellt und bilden einen Kontrast: *„Heute hat unsere Nation Böses erlebt, [...], und wir reagieren mit dem Besten, was Amerika zu bieten hat [...].“*	
Chiasmus	Überkreuzstellung von Satzgliedern: *„Terroranschläge können zwar die Fundamente unserer größten Gebäude erschüttern, aber die Fundamente Amerikas können sie nicht berühren.“*	
Dreier-Figur	Aufzählung von Wörtern oder Wortgruppen, oft als Dreier-Figur mit einer Steigerung: *„unsere Mitbürger, unsere Lebensweise und unsere Freiheit“.*	
Ellipse	Unvollständiger Satz (meist fehlt das Prädikat): *„Alles nimmt sie, was nur hold [ist]“.*	
Hyperbel	Starke Über- oder Untertreibung: *„Beste Geschichte meines Lebens“.*	
Interjektion	Empfindungswort, Ausruf: *„Nun gib acht!“*	
Inversion	Satzglieder werden in ungewöhnlicher Reihenfolge aneinandergereiht: *„Nimmt das Silber weg des Stromes“.*	
Ironie	Es ist das Gegenteil des Gesagten gemeint (Zweideutigkeit): *„Alles ist auf das Beste geordnet“.*	
Metapher	Bildhafter, übertragener Vergleich ohne die Wörter *wie* oder *als ob*: *„Silber des Stromes“.*	
Neologismus	Wortneuschöpfung: *„wolkenschneegedämpft“.*	
Parallelismus	Gleiche Satzstellung in aufeinander folgenden Sätzen: *„Nimmt das Silber weg [...], Nimmt vom Kupferdach [...]“.*	
Personifikation	Menschliche Eigenschaften werden auf die Natur oder Gegenstände übertragen: *„Aus dem Walde tritt die Nacht.“*	
Vergleich	Sprachlich etwas gleichsetzen (eingeleitet mit den Wörtern *wie* oder *als ob*), um etwas bildlich zu veranschaulichen: *„Wie das Knirschen von dickem trockenem Schnee unter Stiefelsohlen.“*	
Wiederholung	Wörter oder Ausdrücke werden wiederholt, um sie zu betonen: *„Als er die Hand zurücklegte, spürte er, dass sie noch immer schweißig war, so schweißig wie sein Gesicht und sein Körper. Schweißig vor Angst.“*	

Die Indikativ- und Konjunktivformen im Überblick

- Den **Konjunktiv I** verwendest du in der indirekten Rede. Mit ihm machst du kenntlich, dass du eine fremde Äußerung wiedergibst.
- Der Konjunktiv I wird vom Infinitiv eines Verbs abgeleitet. Zwischen dem Wortstamm und der Personalendung wird dabei ein -e- eingefügt.
- Wenn die Form eines Verbs im Konjunktiv I mit dem Indikativ Präsens übereinstimmt, wählst du eine Ersatzform. Dazu verwendest du den Konjunktiv II (s. gelbe Beispiele) oder eine Form mit *würde* + Infinitiv (s. blaue Beispiele).
- Mit dem **Konjunktiv II** drückst du einen Wunsch, eine Vorstellung oder höfliche Bitte aus. Du leitest ihn vom Präteritumstamm im Indikativ ab.
- Stimmt die Form des Konjunktivs II mit dem Präteritum Indikativ überein, wählst du die Ersatzform mit *würde* + Infinitiv (s. blaue Beispiele).
- Du kannst die Ersatzform mit *würde* + Infinitiv auch dann gebrauchen, wenn die gebildete Konjunktivform ungewöhnlich bzw. zu altertümlich klingt (s. grüne Beispiele).

sein

Person	Ind. Präs.	Konjunktiv I	Ind. Prät.	Konjunktiv II
ich	bin	sei	war	wäre
du	bist	sei(e)st	warst	wärest
er, sie, es	ist	sei	war	wäre
wir	sind	seien	waren	wären
ihr	seid	seiet	wart	wäret
sie	sind	seien	waren	wären

haben

Ind. Präs.	Konjunktiv I	Ind. Prät.	Konjunktiv II
habe	~~habe~~	hatte	hätte
hast	habest	hattest	hättest
hat	habe	hatte	hätte
haben	~~haben~~	hatten	hätten
habt	habet	hattet	hättet
haben	~~haben~~	hatten	hätten

Beachte, dass mit *sein* und *haben* der Konjunktiv im **Perfekt** gebildet wird: *sie sei gekommen, er habe sich gefreut.*

sagen (Beispiel für regelmäßige Verben)

Person	Ind. Präs.	Konjunktiv I	Ind. Prät.	Konjunktiv II
ich	sage	~~sage~~	sagte	~~sagte~~ / würde sagen
du	sagst	sagest	sagtest	~~sagtest~~ / würdest sagen
er, sie, es	sagt	sage	sagte	~~sagte~~ / würde sagen
wir	sagen	~~sagen~~	sagten	~~sagten~~ / würden sagen
ihr	sagt	saget	sagtet	~~sagtet~~ / würdet sagen
sie	sagen	~~sagen~~	sagten	~~sagten~~ / würden sagen

fliehen (Beispiel für unregelmäßige Verben)

Ind. Präs.	Konjunktiv I	Ind. Prät.	Konjunktiv II
fliehe	~~fliehe~~	floh	~~flöhe~~ / würde fliehen
fliehst	fliehest	flohst	~~flöhest~~ / würdest fliehen
flieht	fliehe	floh	~~flöhe~~ / würde fliehen
fliehen	~~fliehen~~	flohen	~~flöhen~~ / würden fliehen
flieht	fliehet	floht	~~flöhet~~ / würdet fliehen
fliehen	~~fliehen~~	flohen	~~flöhen~~ / würden fliehen

Erklärung zu den Abkürzungen: Ind. = Indikativ, Präs. = Präsens, Prät. = Präteritum

Leitfaden: Rechtschreibstrategien

Artikelprobe und Signalwörter

Problem: Du weißt nicht, ob du ein Wort **großschreiben** musst?

Wende die Artikelprobe an und achte auf Signalwörter: Wenn du unsicher bist, ob ein Wort groß- oder kleingeschrieben wird, überprüfe, ob du einen **Artikel** vor das Wort setzen kannst.

- Artikel: *ein Schreiben, das Neueste*

  Beachte auch, ob ein **Signalwort** davorsteht:
- Possessiv- oder Demonstrativpronomen: *Ihr Brief, dieses Jahr*
- Adjektiv: *die große Anstrengung*
- Präposition + Artikel: *am Abend, beim Tisch*
- Numerale: *elf Freunde, dutzende Eier*
- Indefinitpronomen: *etwas Neues, viel Gutes*

  Fehlt das Signalwort, wende die Artikelprobe an: *Das macht S/spaß (der Spaß).*

Ableitungsprobe

Problem: Du weißt nicht, ob du ein Wort mit *ä/äu* oder *e/eu* oder mit *Dehnungs-h* schreiben musst?

Wende die Ableitungsprobe an:

Suche ein verwandtes Wort aus der Wortfamilie mit gleichem Wortstamm :

die Empf?nger → empfangen, Unterne?mer → nehmen.

Ersatzprobe (bei *das* oder *dass*)

Problem: Du weißt nicht, ob die Konjunktion *dass* oder das Relativpronomen *das* richtig ist?

Führe die Ersatzprobe durch:

Kannst du *dieses / jenes / welches* einsetzen, schreibst du *das: Das Haus, da? dort steht. → Das Haus, welches ... → Das Haus, das ...*

Silbenprobe

Problem: Du weißt nicht, ob du ein Wort mit Doppelkonsonanten oder mit *ss/ß* schreiben musst?

Wende die Silbenprobe an:

- Der Vokal klingt **kurz**, wenn die Silbe durch einen Konsonanten **geschlossen** wird. Hörst du nur einen Konsonanten, wird dieser verdoppelt: die Pfor te, die Stif te, *die Num mer, es sen*
- Der Vokal klingt **lang**, wenn die Silbe **offen** ist. Du schreibst einen **Konsonanten** oder ***ß***: *be ten, krie chen, wir ma ßen*

  Verlängere einsilbige Wörter: *das Maß → die Ma ße*

Betonungsprobe

Problem: Du weißt nicht, ob ein Wort getrennt- oder zusammengeschrieben wird?

Wende die Betonungsprobe an:

Betonst du den ersten Teil, schreibst du meist zusammen: *eine Idee festhalten.*

Betonst du beide Teile, schreibst du getrennt: *Du darfst das Ei nicht fest halten.*

Zeichensetzung

Problem: Du weißt nicht, ob du ein Satzzeichen setzen musst?

Wende diese Strategien an:

1. Überprüfe, ob du dort Zeichen gesetzt hast, wo du eine **Lesepause** machst.
2. Überprüfe mithilfe von **Sinneinheiten**: Unterstreiche die Prädikate. Klammere die dazugehörigen Wörter ein. Hängen diese nicht eng zusammen, setzt du einen **Punkt**. Hängen diese eng zusammen, setzt du ein **Komma**.
3. Merke dir Konjunktionen *(da, sodass, weil ...)*, Adverbien *(daher, deshalb ...)* und Relativpronomen *(der, welcher ...)* als Signalwörter.

Nachschlagen

Schlage in Zweifelsfällen im **Wörterbuch** nach, vor allem bei **Lernwörtern**, deren Schreibung du nicht durch eine Strategie erklären kannst, und bei **Fremdwörtern**, deren Aussprache von der Schreibweise abweicht: *die Blamage, die Euphorie.*

Verlängerungsprobe und Wörter zerlegen

Problem: Du weißt nicht, ob du ein Wort im Auslaut mit *b/p, d/t, g/k* oder ein Adjektiv im Auslaut mit *-isch, -ig* oder *-lich* schreiben musst?

Wende die Verlängerungsprobe an:

Verlängere die Wörter, um ihre Endungen zum Klingen zu bringen: *das Gel? → die Gelder, fleiß? → fleißige, der Die? → die Diebe.*

Zusammengesetzte Wörter musst du zuerst zerlegen: *der Han?ball → die Han? + der Ball → die Hände.*

Aufgaben zum Sprachgebrauch:

1. „Das (1) Mädchen aber, das (2) da an der Wand lehnte [...], das (3) war wunderbar. Aber nicht nur das (4). [...] So stand ich da und wartete, dass (5) irgendwas passieren würde." (Z. 1–5) Benenne die Wortarten der unterstrichenen Wörter 1–5.

2. Erkläre, warum die Wörter „erbärmlich" (Z. 8), „schämte" (Z. 45) und „tatsächlich" (Z. 44) mit „ä" und nicht mit „e" geschrieben werden.

3. Begründe die Kommasetzung in folgenden Sätzen:
„Ulrike war ein Rabaukenmädchen, mit ihr konnte ich alles tun, was man sich von guten Freunden so erwartet: Fußball spielen, auf Bäume klettern, Sandburgen bauen. Wenn wir Ärger bekamen, bekamen wir ihn beide." (Z. 16–18)

4. Erläutere die unterstrichenen sprachlichen Bilder mit eigenen Worten:
„In ihrer Welt wuchsen jedem Jungen unsichtbare Teufelshörner, während über den Köpfen der Mädchen unsichtbare Heiligenscheine schwebten." (Z. 26–28)

5. Erkläre anhand des Textes den Begriff „Narrenfreiheiten" (Z. 31).

6. Begründe die Schreibweise mit *ss* bzw. mit *ß* in den unterstrichenen Wörtern:
„Umso verdutzter war ich, [...] dass nicht mehr die fleißigen, ruhigen und netten Mädchen in der allgemeinen Gunst standen, sondern ich [...]. Was war passiert?"

7. ⊖ Begründe die Großschreibung der unterstrichenen Wörter:
„Das Wissen, dass ich [...] wohl für das Tragen von Taschen, das Bezahlen von Getränken und das Reparieren von technischem Gerät zuständig wäre, hinterließ jedoch einen schalen Geschmack." (Z. 51–54)

Aufgaben zum Textverständnis und Sprachgebrauch bearbeiten II

Tränen und Bier

Das Leben als junge Frau ist nicht immer einfach.

Theresa Bäuerlein (2006)

Das Erste, was ich an der Universität lernte, war, dass es manchmal mehr bringt, sich wie ein Kind zu benehmen als wie eine erwachsene Frau. Ich hatte meine Unterlagen auf den letzten Drücker zusammengerafft, dass noch eine wichtige Unterschrift fehlte, merkte ich erst, als ich am Schalter des Immatrikulationssamts[1] stand. Ich hatte keine Chance, sie noch zu bekommen. Der Beamte am Schalter ließ nicht mit sich diskutieren, schob die Zähne nach vorne und forderte mich auf, im nächsten Semester wiederzukommen. Ich war mit den Nerven am Ende, und ohne es zu wollen, fing ich zu weinen an. Meine Tränen wirkten wie ein Zauberspruch, auf einmal war alles ganz einfach. Der Beamte schaute bestürzt und haute mit fliegenden Händen Stempel auf meine Papiere. Fünf Minuten später ging ich mit dem Studentenausweis in der Hand nach Hause, heilfroh und gleichzeitig wütend. Es war nicht wirklich greifbar, aber ich hatte das Gefühl, dass wir beide – der Beamte und ich – uns falsch verhalten hatten. Der Mann hatte ein bestimmtes Bild im Kopf: Mädchen darf man nicht weinen lassen. Denn Mädchen sind süß und unschuldig und hilflos. Ich hatte mich wie ein kleines Mädchen benommen, er hatte mich automatisch wie eines behandelt. Ich weiß es nicht sicher, aber einen heulenden Jungen hätte er wahrscheinlich einfach nach Hause geschickt. Dass es unterschiedliche Erwartungen an Männer und Frauen gibt, hat mich bereits genervt, als ich wirklich noch ein kleines Mädchen war. Ich erinnere mich an eine Weihnachtsfeier in meiner Kindheit. Die Kollegen meines Vaters sagten, nachdem sie mich und meine Schwester betrachtet hatten: „Hübsche Mädchen." Über meinen Bruder, der keinesfalls hässlich war, sagten sie: „Sieht intelligent aus." Vielleicht sahen wir Mädchen an dem Abend dumm aus. Wahrscheinlich aber wollten die Kollegen einfach anerkennen, dass wir Kinder alle gut abschnitten in den Bereichen, die ihrer Meinung nach für uns eine Rolle spielten. Eine Rolle spielen. Dass es genau darum geht, habe ich erst ziemlich spät begriffen. Denn Geschlechterfragen fand ich eigentlich immer langweilig. Die Antwort schien so klar zu sein: Zwischen Jungs und Mädchen gab es keine schwerwiegenden Unterschiede. Die einen trugen eben Unterhosen mit Eingriff, die anderen ohne, alle anderen Vorlieben waren eine Frage des Charakters. Sicher hatte ich davon gehört, dass Frauen und Männer vor ein paar Jahrzehnten darum gekämpft hatten, wer im Haus und in der Gesellschaft das Sagen hatte. Dass es einst absurde[2] Gesetze gab wie jenes, das Frauen nur dann einen eigenen Beruf erlaubte, wenn ihre Ehemänner zustimmten. Wie die meisten meiner Freunde dachte ich aber, dass der Kampf vorbei war und dass alle daran Beteiligten gewonnen hatten. Das merke ich immer dann, wenn ich aus der Rolle falle. Ich bin eine junge Frau, aber ich kugle durchaus gerne mal durch den Dreck, trinke Bier und mache Klimmzüge an Baugerüsten. Manch aufgeklärter Junge, der gerade sein zwölftes Politiksemester durchdiskutiert hat, legte deshalb die Stirn in Falten und fragte: „Du bist aber keine typische Frau, oder?" Nein. Doch. Keine Ahnung. Eigentlich will ich mir darüber keine Gedanken machen. Aber dann reise ich – wie vor Kurzem – durch ein Land, in dem Frauen die Dreckarbeit machen, in dem mein Freund gefragt wird, für welchen Preis er mich verkaufen würde. In solchen Momenten bin ich sehr froh, in Deutschland zu leben, wo der Geschlechterkampf ausgefochten zu sein scheint. Aber Moment mal.

Wie kommt es dann, dass Frauen hierzulande im Durchschnitt 30 bis 40 Prozent weniger verdienen als Männer – für die gleiche Arbeit, wohlgemerkt[3]? Wieso muss ich mich, realistisch gesehen, als Frau noch immer zwischen Karriere und Kind entscheiden? Und wieso waren alle meine bisherigen Chefs Männer?
Ich habe die Antworten nicht. Aber die Fragen machen mir manchmal Angst.

[1] Anmeldebüro an der Universität

[2] unsinnig

[3] 2019 lag der Gehaltsunterschied zwischen Männern und Frauen, die sogenannte Gender Pay Gap, bei 21% (unbereinigt).

1 Bearbeite anhand des Textes auf Seite 44–45 folgende Aufgaben zum Textverständnis und zum Sprachgebrauch. Gehe dabei so vor, wie in den Aufgaben **a)** bis **c)** auf Seite 40 beschrieben.

Aufgaben zum Textverständnis:

1. Stelle einen Bezug zwischen der Überschrift „Tränen und Bier" und dem Text her, indem du die Lücken auf der Grundlage des Textes füllst:

Theresa hat an der Universität die Erfahrung gemacht, dass es Frauen leichter haben, wenn sie ____________________. Die Tränen sind wie ein __________________ und Männer machen dann, was ____________________ wollen. Bier zu trinken, ist für eine Frau anscheinend __________________________. Das denken auch Männer, die ______ ____________ sind. Diese Erfahrung hat Theresa mit einem ______________ gemacht.

2. Ergänze die folgende Aussage. Kreuze dazu die richtigen Antworten an.

Theresa denkt, Mädchen und junge Frauen verhalten sich entsprechend der an sie gestellten Rollenerwartung, wenn sie ...

- **A** gut aussehen. ☐
- **B** dem Mann ihre Schwächen zeigen. ☐
- **C** sich für ihre Gleichberechtigung einsetzen. ☐
- **D** Häuser bauen. ☐
- **E** sich verhalten wie in Fernsehserien. ☐
- **F** sportlich sind. ☐

→ Es sind zwei Antworten richtig.

3. Welche der folgenden Aussagen trifft nicht auf den Text zu? Kreuze an.

- **A** Theresa ist es unangenehm, dass sie Unterstützung bekommt, wenn sie weint. ☐
- **B** Sie nutzt ihre Rolle als Frau bewusst aus. ☐
- **C** Zwischen Jungen und Mädchen macht sie keinen Unterschied. ☐
- **D** Sie ist geschichtlich interessiert. ☐
- **E** Theresa weiß noch nicht, ob sie ein Kind möchte. ☐

4. Theresa sagt: „Eine Rolle spielen. Dass es genau darum geht, habe ich erst ziemlich spät begriffen." (Z. 24–25) Erläutere diese Aussage im Textzusammenhang.

___

___

___

5. Theresa beendet ihren Text mit dem Satz „Aber die Fragen machen mir manchmal Angst." (Z. 47) Erkläre diese Aussage im Textzusammenhang.

___

___

___

6. Vergleiche den Text „Tränen und Bier" mit dem Text „Ellenbogen und Strafen" auf den Seiten 39 und 40. Kreuze dann an, welche Aussage auf welchen Text zutrifft.

		Text von Daniel	Text von Theresa
A	Jungen und Mädchen werden in der Schule unterschiedlich behandelt.		
B	Die unterschiedlichen Erwartungen an Jungen und Mädchen werden als störend empfunden.		
C	Der Erfahrungsbericht zeigt, dass die Ungleichbehandlung absurd ist.		
D	Trotz Emanzipation haben Frauen im Beruf noch nicht die gleichen Chancen.		
E	Die geschlechtsspezifische Rolle wird nur ungern übernommen.		
F	Stärke demonstrieren führt eher zum Erfolg als Wissen.		

→ Drei Aussagen treffen auf beide Texte zu.

7. Ein Schüler meint: „Die Texte zeigen, dass Mädchen und Jungen eigentlich gleich unzufrieden sind mit ihrer Situation. Beide wollen keine Rolle spielen und auch nicht durch Vorurteile bewertet werden. Ich finde es schade, dass es trotzdem noch diese Missverständnisse zwischen den Geschlechtern gibt. Eigentlich wollen doch alle das Gleiche." Nimm zu dieser Aussage Stellung. Begründe deine Meinung.

___

___

___

___

___

___

Aufgaben zum Sprachgebrauch:

1. „Ich hatte meine Unterlagen auf den letzten Drücker zusammengerafft, dass noch eine wichtige Unterschrift fehlte, merkte ich erst, als ich am Schalter des Immatrikulationssamts stand." (Z. 2–4)
   a) Bestimme das unterstrichene Satzglied.
   b) Formuliere den Satz so um, dass das Subjekt im Mittelfeld (s. Feldermodell) steht.

2. Erläutere das unterstrichene sprachliche Bild mit eigenen Worten:
   „Meine Tränen wirkten wie ein Zauberspruch [...]." (Z. 8)

3. Begründe die Kommasetzung in folgenden Sätzen: „Ich weiß es nicht sicher, aber einen heulenden Jungen hätte er wahrscheinlich einfach nach Hause geschickt. Dass es unterschiedliche Erwartungen an Männer und Frauen gibt, hat mich bereits genervt, als ich wirklich noch ein kleines Mädchen war." (Z. 15–18)

4. Begründe, warum du in diesen beiden Sätzen die unterstrichenen Wörter zweimal mit ss und einmal mit s schreibst:
   „Sicher hatte ich davon gehört, dass Frauen und Männer vor ein paar Jahrzehnten darum gekämpft hatten, wer im Haus und in der Gesellschaft das Sagen hatte. Dass es einst absurde Gesetze gab wie jenes, das Frauen nur dann einen eigenen Beruf erlaubte, wenn ihre Ehemänner zustimmten." (Z. 29–32)

5. „Aber dann reise ich [...] durch ein Land, in dem Frauen die Dreckarbeit machen, in dem mein Freund gefragt wird, für welchen Preis er mich verkaufen würde." (Z. 39–41) Erkläre, warum die unterstrichenen Wörter nicht zusammengeschrieben werden.

6. „Wieso muss ich mich, realistisch gesehen, als Frau noch immer zwischen Karriere und Kind entscheiden?" (Z. 44–46)
   a) Benenne die unterstrichene Satzkonstruktion.
   b) Formuliere den unterstrichenen Teil als Nebensatz mit Konjunktion.

Eine Karikatur erschließen und beschreiben

FRAUEN AM BALL

1 **a)** Erschließe die Karikatur. Mache dir dazu neben der Zeichnung Notizen.
b) Beschreibe die Karikatur, indem du die Lücken ergänzt.

In der rechten Hälfte des Bildes sieht man eine Frau, die ____________________ ________________________________. Links oben fliegt ein __________ auf die Frau zu, auf dem ________________________________ steht. Darunter sieht man eine ____________________ mit dem Wort „Fang“. In der unteren linken Ecke ist der Name des ________________________________ zu sehen. Unter der Karikatur steht als Bildunterschrift ____________________.

2 Kreuze die Aussagen an, die zu der Karikatur passen.

- **A** Die Karikatur zeigt eine Frau, die überlastet ist. ☐
- **B** Es wird gezeigt, dass Frauen nicht arbeiten. ☐
- **C** Frauen haben die Möglichkeit, die gleichen Berufe auszuüben wie Männer. ☐
- **D** Es wird von Frauen zu viel erwartet. ☐
- **E** Alleinerziehende Mütter werden von der Gesellschaft nicht anerkannt. ☐
- **F** Es besteht noch keine Gleichberechtigung zwischen Mann und Frau. ☐

3 „Am Ball sein“ bedeutet umgangssprachlich: „etwas mit Eifer verfolgen“. Bringe diese Bedeutung mit der Bildunterschrift und der Bildaussage in Verbindung.

____

____

____

4 Begründe, zu welchem Text die Karikatur am besten passt.

____

____

5 ⊖ Nimm in deinem Heft zu der Aussage der Karikatur begründet Stellung.

Einen Dramenauszug erschließen

1 **a)** Betrachte das Foto zu dem folgenden Dramenauszug aus dem ersten Akt von „Die Physiker“. Stelle Vermutungen an, worum es darin gehen könnte:
- Um wen könnte es gehen?
- Was ist passiert?
- Was könnten die Gründe dafür sein?

Mache dir dazu stichwortartig Notizen.

____

____

____

____

b) Lies nun den Dramenauszug und überprüfe, ob sich deine Leseerwartungen bestätigt haben.

Die Physiker
Eine Komödie in zwei Akten

Friedrich Dürrenmatt (1961/1980)

Der folgende Auszug schließt dort an, wo das Drama im Schülerband auf Seite 164 geendet hat: Familie Rose flieht überstürzt aus dem Sanatorium, nachdem der scheinbar verrückte Physiker seine drei Kinder, seine ehemalige Frau und ihren neuen Mann wüst beschimpft hat.

Erster Akt

Die Oberschwester führt die bestürzte und weinende Familie nach rechts hinaus. Möbius schreit ihnen hemmungslos nach.

MÖBIUS Ich will euch nie mehr sehen! Ihr habt den König Salomo beleidigt! Ihr sollt verflucht sein! […]

SCHWESTER MONIKA Wir sind allein. Ihre Familie hört Sie nicht mehr.

Möbius starrt Schwester Monika verwundert an, scheint sich endlich zu finden.

MÖBIUS Ach so, natürlich.

Schwester Monika schweigt. Er ist etwas verlegen.

MÖBIUS Ich war wohl etwas heftig?

SCHWESTER MONIKA Ziemlich.

MÖBIUS Ich mußte die Wahrheit sagen.

SCHWESTER MONIKA Offenbar.

MÖBIUS Ich regte mich auf.

SCHWESTER MONIKA Sie verstellten sich.

MÖBIUS Sie durchschauen mich?

SCHWESTER MONIKA Ich pflege Sie nun zwei Jahre.

MÖBIUS *geht auf und ab, bleibt dann stehen* Gut. Ich gebe es zu. Ich spielte den Wahnsinnigen.

SCHWESTER MONIKA Weshalb?

MÖBIUS Um von meiner Frau Abschied zu nehmen und von meinen Buben. Abschied für immer.

SCHWESTER MONIKA Auf diese schreckliche Weise?

MÖBIUS Auf diese humane Weise. Die Vergangenheit löscht man am besten mit einem wahnsinnigen Betragen aus, wenn man sich schon im Irrenhaus befindet: Meine Familie kann mich nun mit gutem Gewissen vergessen. Mein Auftritt hat ihr die Lust genommen, mich noch einmal aufzusuchen. Die Folgen meinerseits sind unwichtig, nur das Leben außerhalb der Anstalt zählt. Verrücktsein kostet. Fünfzehn Jahre zahlte meine gute Lina bestialische Summen, ein Schlußstrich sollte endlich gezogen werden. Der Augenblick war günstig. Salomo hat mir offenbart, was zu offenbaren war, das System aller möglichen Erfindungen ist abgeschlossen, die letzten Seiten sind diktiert, und meine Frau hat einen neuen Gatten gefunden, den kreuzbraven Missionar Rose, Sie dürfen beruhigt sein, Schwester Monika. Es ist nun alles in Ordnung.

Er will abgehen.

SCHWESTER MONIKA Sie handeln planmäßig.

MÖBIUS Ich bin Physiker. *Er wendet sich seinem Zimmer zu.*

SCHWESTER MONIKA Herr Möbius. [...] Auch wir müssen voneinander Abschied nehmen. Auch für immer.

MÖBIUS *erschrickt* Sie verlassen mich?

SCHWESTER MONIKA Befehl. [...] Man versetzt mich ins Hauptgebäude. Morgen übernehmen hier Pfleger die Bewachung. [...] *Schweigen.*

MÖBIUS *niedergeschlagen* Schwester Monika, ich bin unbeholfen. Ich verlernte es, Gefühle auszudrücken, die Fachsimpeleien mit den beiden Kranken, neben denen ich lebe, sind ja kaum Gespräche zu nennen. Ich bin verstummt, ich fürchte, auch innerlich. Doch Sie sollen wissen, daß für mich alles anders geworden ist, seit ich Sie kenne. Erträglicher. Nun, auch diese Zeit ist vorüber. Zwei Jahre, in denen ich etwas glücklicher war als sonst. Weil ich durch Sie, Schwester Monika, den Mut gefunden habe, meine Abgeschlossenheit und mein Schicksal als – Verrückter – auf mich zu nehmen. Leben Sie wohl. *Er steht auf und will ihr die Hand reichen.*

SCHWESTER MONIKA Herr Möbius, ich halte Sie nicht für – verrückt.

MÖBIUS *lacht, setzt sich wieder* Ich mich auch nicht. Aber das ändert nichts an meiner Lage. Ich habe das Pech, daß mir der König Salomo erscheint. Es gibt nun einmal nichts Anstößigeres als ein Wunder im Reiche der Wissenschaft.

SCHWESTER MONIKA Herr Möbius, ich glaube an dieses Wunder. [...] Und wenn Sie erzählten, auch noch der König David erscheine Ihnen mit seinem Hofstaat, würde ich es glauben. Ich weiß einfach, daß sie nicht krank sind. Ich fühle es.

Stille. Dann springt Möbius auf.

MÖBIUS Schwester Monika! Gehen Sie!

SCHWESTER MONIKA *bleibt sitzen* Ich bleibe.

MÖBIUS Ich will Sie nie mehr sehen.

SCHWESTER MONIKA Sie haben mich nötig. Sie haben sonst niemand mehr auf der Welt. Keinen Menschen.

MÖBIUS Es ist tödlich, an den König Salomo zu glauben.

SCHWESTER MONIKA Ich liebe Sie.

Möbius starrt Schwester Monika ratlos an [...].

MÖBIUS *leise, niedergeschlagen* Sie rennen in Ihr Verderben.

SCHWESTER MONIKA Ich fürchte nicht für mich, ich fürchte für Sie. Newton und Einstein sind gefährlich.

MÖBIUS Ich komme mit ihnen aus.

SCHWESTER MONIKA Auch Schwester Dorothea und Schwester Irene kamen mit ihnen aus. Und dann kamen sie um.

MÖBIUS Schwester Monika. Sie haben mir Ihren Glauben und Ihre Liebe gestanden. Sie zwingen mich, Ihnen nun auch die Wahrheit zu sagen. Ich liebe Sie ebenfalls, Monika. *Sie starrt ihn an.*

MÖBIUS Mehr als mein Leben. Und darum sind Sie in Gefahr. Weil wir uns lieben. [...]

Einstein betritt verwirrt den Raum. Er erinnert sich daran, gerade Schwester Irene ermordet zu haben. Plötzlich fragt er die beiden, ob sie sich lieben würden, was Schwester Monika bejaht. Daraufhin warnt auch er sie eindringlich davor, ihren Gefühlen nachzugeben. Sie solle stattdessen fliehen. Als Grund nennt er das schreckliche Ende von Schwester Irene, die ihm kurz vor ihrem Tod ihre Liebe gestanden habe und ihn habe heiraten wollen.

SCHWESTER MONIKA Der arme irre Mensch.

MÖBIUS Er sollte Sie endlich von der Unmöglichkeit überzeugt haben, mich zu lieben.

SCHWESTER MONIKA Sie sind nicht verrückt.

MÖBIUS Es wäre vernünftiger, Sie hielten mich dafür. Fliehen Sie! Machen Sie sich aus dem Staub! Hauen Sie ab! Sonst muß ich Sie auch noch wie einen Hund behandeln.

SCHWESTER MONIKA Behandeln Sie mich lieber wie eine Geliebte.

MÖBIUS Kommen Sie, Monika. *Er führt sie zu einem Sessel, setzt sich ihr gegenüber, ergreift ihre Hände.* Hören Sie zu. Ich habe einen schweren Fehler begangen. Ich habe mein Geheimnis verraten, ich habe Salomos Erscheinung nicht verschwiegen. Dafür läßt er mich büßen. Lebenslänglich. In Ordnung. Aber Sie sollen nicht auch noch dafür bestraft werden. In den Augen der Welt lieben Sie einen Geisteskranken. Sie laden nur Unglück auf sich. Verlassen Sie die Anstalt, vergessen Sie mich. So ist es am besten für uns beide.

SCHWESTER MONIKA Begehren Sie mich?

MÖBIUS Warum reden Sie so mit mir?

SCHWESTER MONIKA Ich [...] will Kinder von Ihnen haben. Ich weiß, ich rede schamlos. Aber warum schauen Sie mich nicht an? Gefalle ich Ihnen denn nicht? Ich gebe zu, meine Schwesterntracht ist gräßlich. *Sie reißt sich die Haube vom Haar.* Ich hasse meinen Beruf! Fünf Jahre habe ich nun die Kranken gepflegt [...]. Ich habe mein Gesicht nie abgewendet, ich war für alle da, ich habe mich aufgeopfert. Aber nun will ich mich für jemanden allein aufopfern [...]. Für Sie. Ich will alles tun, was Sie von mir verlangen, für Sie arbeiten Tag und Nacht, nur fortschicken dürfen Sie mich nicht! Ich habe doch auch niemanden mehr auf der Welt als Sie! Ich bin doch auch allein!

MÖBIUS Monika. Ich muß Sie fortschicken.

SCHWESTER MONIKA *verzweifelt* Liebst du mich denn gar nicht?

MÖBIUS Ich liebe dich Monika. Mein Gott, ich liebe dich, das ist ja das Wahnsinnige.

SCHWESTER MONIKA Warum verrätst du mich denn? [...]

MÖBIUS Man hält mich doch für verrückt.

SCHWESTER MONIKA Warum bist du so mutlos?

MÖBIUS Mut ist in meinem Falle ein Verbrechen.

SCHWESTER MONIKA Johann Wilhelm, ich sprach mit Fräulein Doktor von Zahnd.

MÖBIUS *starrt sie an* Du sprachst?

SCHWESTER MONIKA Du bist frei. [...] Wir dürfen heiraten.

MÖBIUS Mein Gott. [...]

SCHWESTER MONIKA Fräulein Doktor von Zahnd hat schon alles geregelt. Sie hält dich zwar für krank, aber für ungefährlich. [...] Ich habe den Posten einer Gemeindeschwester in Blumenstein angenommen. Ich habe gespart. Wir brauchen uns nicht zu sorgen. Wir brauchen uns nur liebzuhaben. [...] Ist es nicht wunderbar?

MÖBIUS Gewiß.

SCHWESTER MONIKA Du freust dich nicht?

MÖBIUS Es kommt so unerwartet.

SCHWESTER MONIKA Ich habe noch mehr getan. [...] Mit dem berühmten Physiker Professor Scherbert gesprochen.

MÖBIUS Er war mein Lehrer. [...] Und was besprachst du mit ihm?

SCHWESTER MONIKA Er versprach mir, deine Manuskripte unvoreingenommen zu prüfen.

MÖBIUS Erklärtest du ihm auch, daß sie von Salomo stammen?

SCHWESTER MONIKA Natürlich.

MÖBIUS Und?

SCHWESTER MONIKA Er lachte. Du seist schon immer ein toller Spaßvogel gewesen. Johann Wilhelm! Wir haben nicht nur an uns zu denken. Du bis auserwählt. [...] Wir müssen nun deine Koffer packen. Acht Uhr zwanzig geht der Zug. Nach Blumenstein. *Sie geht ins Zimmer Nummer 1.*

MÖBIUS *allein* Viel ist ja nicht.

Aus dem Zimmer Nummer 1 kommt Monika mit einem Stapel Manuskripte.

SCHWESTER MONIKA Deine Manuskripte. *Legt sie auf den Tisch.* [...] Dann packe ich deinen Koffer.

MÖBIUS Warte noch. Komm zu mir.

Sie geht zu ihm. [...]

SCHWESTER MONIKA Du hast Tränen in den Augen.

MÖBIUS Du auch.

SCHWESTER MONIKA Vor Glück.

Er reißt den Vorhang herunter und über sie. Kurzer Kampf. [...] Dann Stille. Die Türe von Zimmer Nummer 3 öffnet sich. [...] Newton steht in der Türe im Kostüm seines Jahrhunderts. Möbius geht zum Tisch, nimmt die Manuskripte zu sich.

NEWTON Was ist geschehen?

MÖBIUS *geht in sein Zimmer* Ich habe Schwester Monika Stettler erdrosselt.

2 Lies den Dramenauszug noch einmal genau „mit dem Stift“:
a) Markiere mit einer Wellenlinie Begriffe und Ausdrücke, die du nicht kennst. Kläre ihre Bedeutung aus dem Textzusammenhang oder schlage sie in einem Wörterbuch nach. Notiere ihre Bedeutung.
b) Unterstreiche im Text die Stellen, die Antworten auf folgende Fragen geben. Mache dir dazu außerdem Notizen auf einem Extrablatt:
- Welche Figuren treten in der Szene auf? Wie stehen sie zueinander?
- Was tun die Figuren? Welche Absichten verfolgen sie?
- Worum geht es in der Szene?
- Welche Rückschlüsse lassen die Regieanweisungen auf die Stimmung bzw. die Gefühle der Figuren zu?

3 Bearbeite mithilfe deiner Vorarbeit folgende Aufgaben zu dem Dramenauszug:
a) Nach dem Fortgang von Familie Rose sagt Schwester Monika zu Möbius, dass er sich nur verstellt habe (Z. 26). Erkläre, was sie damit meint.

____

b) Erläutere, wie Möbius sein Verhalten gegenüber Familie Rose begründet.

____

____

____

c) Schwester Monika muss nun auch Abschied von Möbius nehmen. Was ist der Grund dafür? Kreuze die richtige Antwort an:

A Sie ist wegen Fehlverhaltens entlassen worden. ☐
B Sie nimmt einen Arbeitsplatz in einem anderen Sanatorium an. ☐
C In Zukunft dürfen nur noch Pfleger die Physiker bewachen. ☐
D Sie hat sich ins Hauptgebäude versetzen lassen, da sie Möbius für gefährlich hält. ☐

d) Wie beurteilt Schwester Monika Möbius als Patienten? Verfasse auf Grundlage des Textes stichwortartig ihre Diagnose. Gib dazu die entsprechenden Zeilen als Beleg an.

____

____

____

e) Erläutere, warum sich Schwester Monika plötzlich weigert, Möbius zu verlassen: Was offenbart sie ihm? Was wünscht sie sich?

____

____

____

____

f) Erläutere, mit welchen Argumenten Möbius Schwester Monika davon abbringen möchte, bei ihm zu bleiben. Nenne dazu die entsprechenden Textstellen als Beleg.

g) In Zeile 179/180 fragt Schwester Monika Möbius, warum er so mutlos sei. Darauf erwidert er: „Mut ist in meinem Falle ein Verbrechen." (Z. 181/182). Erläutere in deinem Heft, was er damit in Wirklichkeit meint.

h) Beschreibe, wie Schwester Monika sich auf ihre Zukunft mit Möbius vorbereitet hat: An wen hat sie sich dabei gewandt?

Berücksichtige dafür die Zeilen 183 bis 212 auf Seite 51.

i) Was hält Möbius von den Vorbereitungen Schwester Monikas? Beschreibe seine Reaktion darauf mit passenden Adjektiven.

Du kannst das folgende Wortmaterial nutzen. Wähle die passenden Adjektive aus: **verhalten, glücklich, wütend, reserviert, erschrocken, zurückhaltend, erwartungsvoll, ungläubig, überrascht, aggressiv, ungeduldig, berechnend, distanziert.**

j) Erläutere, warum Möbius Schwester Monika schließlich ermordet. Berücksichtige dabei auch den gelb markierten Einleitungstext im Schülerband auf Seite 162.

Beachte, welche Konsequenzen es für Möbius hätte, wenn er plötzlich nicht mehr im Sanatorium leben könnte und seine Manuskripte nun der Öffentlichkeit zugänglich gemacht würden.

4 Lege mithilfe deiner Vorarbeit eine Figurenkarte für Schwester Monika an. Nutze dazu Seite 159 im Schülerband. Ergänze zudem deine Figurenkarte von Möbius.

5 In Zeile 118 sagt Möbius zu Schwester Monika, dass auch er sie liebe. Beurteile anhand des Textauszugs, ob er dies ernst gemeint hat oder nicht.

Einen inneren Monolog aus der Sicht einer Figur verfassen

Schwester Monika hat Möbius gerade eröffnet, dass sie mit seinem ehemaligen Lehrer, Professor Scherbert, Kontakt aufgenommen habe und dieser seine Arbeit gerne sehen würde. Was geht Möbius in dieser Situation durch den Kopf? Welche Befürchtungen und Hoffnungen bewegen ihn? Versetze dich in Möbius und schreibe einen inneren Monolog aus seiner Sicht. Berücksichtige dabei, wie er zu Schwester Monika steht und wie er ihre Zukunftspläne mit ihm beurteilt.

1 Plane deinen inneren Monolog:
a) Mache dir deine Aufgabenstellung klar: In welcher Situation findet der innere Monolog statt? Was ist für Möbius hierbei wichtig?
b) Lies noch einmal den Dramenauszug auf den Seiten 49–51.
c) Versetze dich in deine Figur und finde Antworten auf die W-Fragen. Markiere sie.
- Über welche Situation denkst du nach?
- Was hast du erlebt? Welche Figuren waren daran beteiligt?
- Was denkst und fühlst du dabei?
- Wie verhältst du dich und warum?
- Wie wird es weitergehen? Welche Erwartungen hast du für die Zukunft?

d) Sammle deine Antworten stichwortartig in dem Cluster. Nutze auch deine Lösungen zu Aufgabe **3** (und Aufgabe **5**, sofern bearbeitet) auf den Seiten 52–53.
e) Überlege, in welcher Reihenfolge du deine Notizen verwenden willst. Nummeriere sie entsprechend.

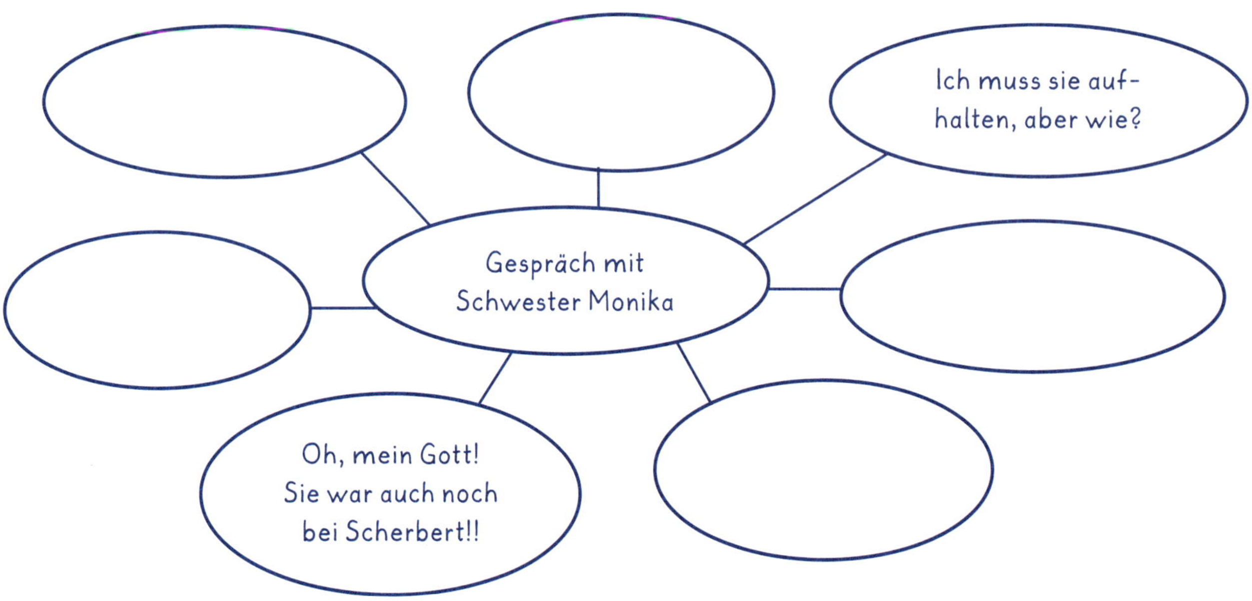

2 Verfasse einen Entwurf deines inneren Monologs. Berücksichtige dabei den *Leitfaden: Einen inneren Monolog verfassen (V/VI)*. So kannst du beginnen:
Professor Scherbert? Habe ich richtig gehört, sie war bei meinem ehemaligen Lehrer? Das darf doch nicht wahr sein! Und er will auch noch meine Arbeiten prüfen! Wie konnte sie nur? Ruhig, Johann Wilhelm, versuche dich zu beruhigen …

3 Überprüfe deinen Entwurf mithilfe deiner Vorarbeit und des *Leitfadens: Einen inneren Monolog verfassen (V/VI)*. Schreibe den korrigierten Text dann sauber ab.

Einen Tagebucheintrag schreiben

Möbius geht nach dem Mord an Schwester Monika in sein Zimmer. Er ist nach dieser Tat sehr aufgewühlt und möchte sich daher seinem Tagebuch anvertrauen.
Verfasse diesen Tagebucheintrag aus der Sicht von Möbius. Halte darin fest, was er im Laufe des Gesprächs von Schwester Monika erfahren hat und was das für ihn bedeutet hätte. Gehe auch darauf ein, wie er seine Tat beurteilt: Hat er richtig gehandelt oder hätte es eine Alternative zu dem Mord gegeben? Welche Hoffnungen und Ängste verbindet er damit?

1 Plane deinen Tagebucheintrag:

a) Mache dir die Aufgabenstellung oben klar. Markiere dazu wichtige Schlüsselwörter.

b) Versetze dich in Möbius und überlege, welche Gedanken und Gefühle ihn bewegen. Suche dazu in dem Textauszug auf den Seiten 49–51 Antworten auf folgende W-Fragen:
- Über welche Situation denkst du nach? Was hast du erlebt?
- Was empfindest du?
- Wie denkst du über andere Figuren und ihr Verhalten?
- Welche Wünsche und Ängste hast du?
- Was erwartest du in naher Zukunft? Was nimmst du dir vor?

c) Sammle deine Antworten stichwortartig in dem Cluster. Nutze auch deine Lösungen zu Aufgabe **3** (und Aufgabe **5**, sofern bearbeitet) auf den Seiten 52–53:

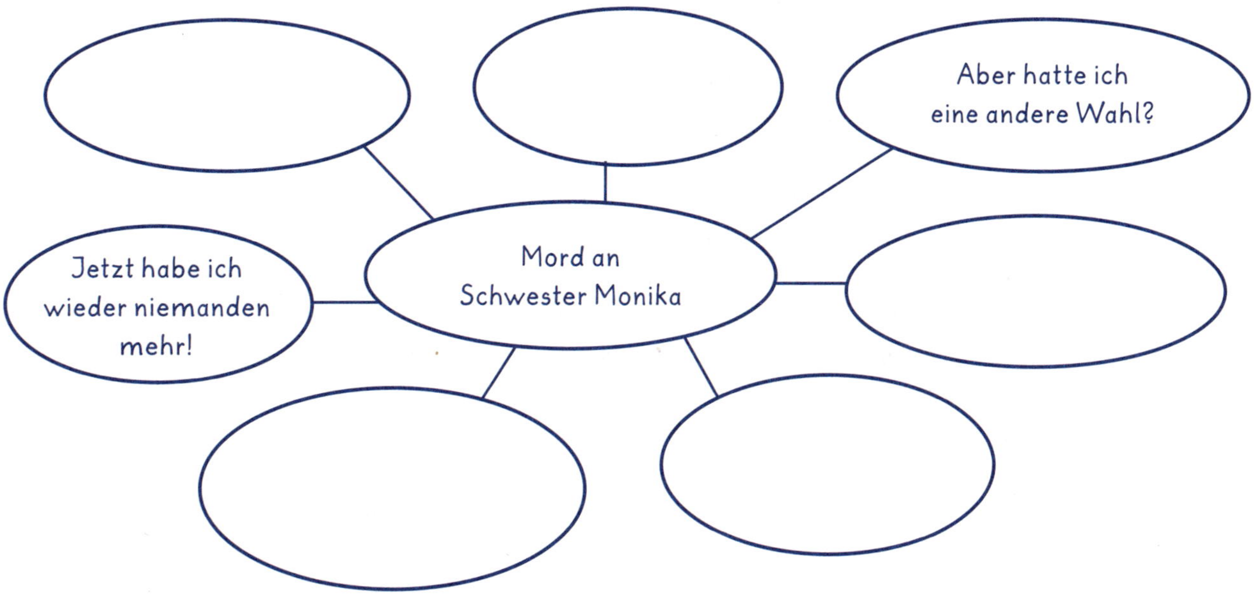

d) Nummeriere die Antworten in der Reihenfolge, in der du sie verwenden willst.

2 Schreibe mithilfe deiner Vorarbeit den Tagebucheintrag in deinem Heft. Berücksichtige den *Leitfaden: Einen Tagebucheintrag verfassen (V/VI)*. So kannst du anfangen:

Les Cerisiers, den …

Jetzt bin ich auch noch zum Mörder geworden! Als ob es nicht schlimm genug wäre, in der Öffentlichkeit als verrückt zu gelten und meine Familie zu verlieren! Dies war wirklich ein rabenschwarzer Tag. Aber von vorne: …

3 Überprüfe deinen Text mithilfe des *Leitfadens: Einen Tagebucheintrag verfassen (V/VI)*. Schreibe den korrigierten Text dann sauber ab.

Einen erzählenden Text erschließen und das Thema formulieren

1 **a)** Schau dir die beiden Bilder an und lies dann die Überschrift des folgenden Textes: Wovon könnte die Geschichte handeln? Mache dir stichwortartig Notizen zu folgenden Fragen: Wer könnten die Figuren sein? Was tun sie und warum? Wie könnte es weitergehen?

____

____

____

b) Lies nun den Text.

Das Mittagessen im Hof

Johann Peter Hebel (1805)

Man klagt häufig darüber, wie schwer und unmöglich es sei, mit manchen Menschen auszukommen. Das mag denn freilich auch wahr sein. Indessen sind viele von solchen Menschen nicht schlimm, sondern nur wunderlich, und wenn man sie nur immer recht kennete, inwendig und auswendig, und recht mit ihnen umzugehen wüsste, nie zu eigensinnig und nie zu nachgiebig, so wäre mancher wohl und leicht zur Besinnung zu bringen.
Das ist doch einem Bedienten mit seinem Herrn gelungen. Dem konnte er manchmal gar nichts recht machen und musste vieles entgelten, woran er unschuldig war, wie es oft geht. So kam einmal der Herr sehr verdrießlich nach Hause und setzte sich zum Mittagessen. Da war die Suppe zu heiß oder zu kalt oder keines von beiden; aber genug, der Herr war verdrießlich. Er fasste daher die Schüssel mit dem, was darinnen war, und warf sie durch das offene Fenster in den Hof hinab. Was tat hierauf der Diener? Kurz besonnen warf er das Fleisch, welches er eben auf den Tisch stellen wollte, mir nichts, dir nichts, der Suppe nach, auch in den Hof hinab, dann das Brot, dann den Wein und endlich das Tischtuch mit allem, was noch darauf war. „Verwegener, was soll das sein?“, fragte der Herr und fuhr mit drohendem Zorn von dem Sessel auf. Aber der Bediente erwiderte ganz kalt und ruhig: „Verzeihen Sie mir, wenn ich Ihre Meinung nicht erraten habe. Ich glaubte nicht anders, als Sie wollten heute in dem Hofe speisen. Die Luft ist so heiter, der Himmel so blau und sehen Sie nur, wie lieblich der Apfelbaum blüht und wie fröhlich die Bienen ihren Mittag halten!“ –
Diesmal die Suppe hinabgeworfen und nimmer! Der Herr erkannte seinen Fehler, heiterte sich im Anblick des schönen Frühlingshimmels auf, lächelte heimlich über den schnellen Einfall seines Aufwärters und dankte ihm im Herzen für die gute Lehre.

c) Vergleiche deine Leseeindrücke mit deinen Vermutungen aus Aufgabe 1 a).

Erschließe den Text genauer mit der Lesemethode für erzählende Texte:

2 Lies den Text ein zweites Mal und markiere dabei die Schlüsselstellen.

→ Die Schlüsselstellen geben Antworten auf die W-Fragen, z. B.: Wo spielt die Handlung? Welche Figuren kommen vor? Was tun sie bzw. was passiert mit ihnen? Warum handeln sie so?

3 a) Unterstreiche schwierige Wörter oder Textstellen, die du nicht verstanden hast, mit einer Wellenlinie. Kläre ihre Bedeutung.
b) Weise nach, dass du alle schwierigen Wörter auch richtig verstanden hast. Notiere dazu die Bedeutung der folgenden Wörter.

A auskommen ______________________

B indessen ______________________

C wunderlich ______________________

D kennete ______________________

E inwendig und auswendig ______________________

F ein Bedienter ______________________

G entgelten ______________________

H verdrießlich ______________________

I besonnen ______________________

J nimmer ______________________

K der Aufwärter ______________________

c) Schreibe den folgenden Satz so um, dass er dem heutigen Sprachgebrauch entspricht: „Indessen sind viele von solchen Menschen nicht schlimm, sondern nur wunderlich, und wenn man sie nur immer recht kennete, inwendig und auswendig, und recht mit ihnen umzugehen wüsste, nie zu eigensinnig und nie zu nachgiebig, so wäre mancher wohl und leicht zur Besinnung zu bringen.“ (Zeile 2–6)

→ Es ist leichter, wenn du den Inhalt des Satzes in mehreren Sätzen wiedergibst. So kannst du deinen Satz anfangen: Allerdings sollte man bedenken, dass diese Menschen es nicht böse meinen. Sie sind nur etwas ...

____

____

____

____

____

____

4 **a)** Gliedere den Text in Sinnabschnitte. Ziehe zunächst nach jedem Sinnabschnitt eine Linie. Notiere dann die Zeilenangaben in der 1. Spalte der Tabelle.

Abschnitt	Überschrift	Stichwörter zum Inhalt

b) Formuliere für jeden Sinnabschnitt eine passende Überschrift. Ergänze sie in der zweiten Spalte der Tabelle.

→ Du findest hier eine Auswahl an möglichen Überschriften. Prüfe sie und wähle für die Sinnabschnitte die jeweils passenden aus: **Diener bittet zum Mittagessen – Dienstherr erkennt seinen Fehler; Lehre – Dienstherr benimmt sich daneben – Allgemeine Überlegungen zum Umgang mit launischen Menschen – Diener liest dem Dienstherrn offen die Leviten – Dienstherr lässt erneut seine Launen am Diener aus – Reaktion des Dieners – Begründung des Dieners für sein Verhalten – Dienstherr entlässt den dreisten Diener für sein Verhalten – Einführung in die eigentliche Geschichte: Diener leidet unter launischem Dienstherrn.**

c) Trage nun Stichwörter zum Inhalt in die dritte Spalte ein (s. Schlüsselstellen).

5 Formuliere das Thema des Textes in vollständigen Sätzen. Achte darauf, dass du allgemeingültig bleibst. Erwähne daher nicht die Szene mit dem Mittagessen.

____

____

→ Du kommst dem Thema mithilfe folgender Fragen auf die Spur:
Um welche Personen geht es? Was tun sie? Warum tun sie es? Welche Folgen hat das? Du kannst außerdem folgende Stichworte nutzen: **Launischer Dienstherr / Diener ahmt das ungerechte Verhalten seines Herrn nach und hält ihm damit den Spiegel vor / Herr erkennt sich wieder, hat die Lehre verstanden**

Den Inhalt eines erzählenden Textes genauer untersuchen

1 Untersuche den Inhalt des erzählenden Textes „Das Mittagessen im Hof" genauer:

a) Lies noch einmal im Schülerband die Fragen in den Lupen zu den inhaltlichen Aspekten (Seite 190). Markiere dann im Text die Antworten auf die Fragen. Verwende für jede Lupe eine andere Farbe.

b) Trage die Antworten auf die Fragen in die Mindmap ein.

c) Welche inhaltlichen Aspekte hängen miteinander zusammen? Verbinde diese Aspekte in der Mindmap mit Pfeilen.

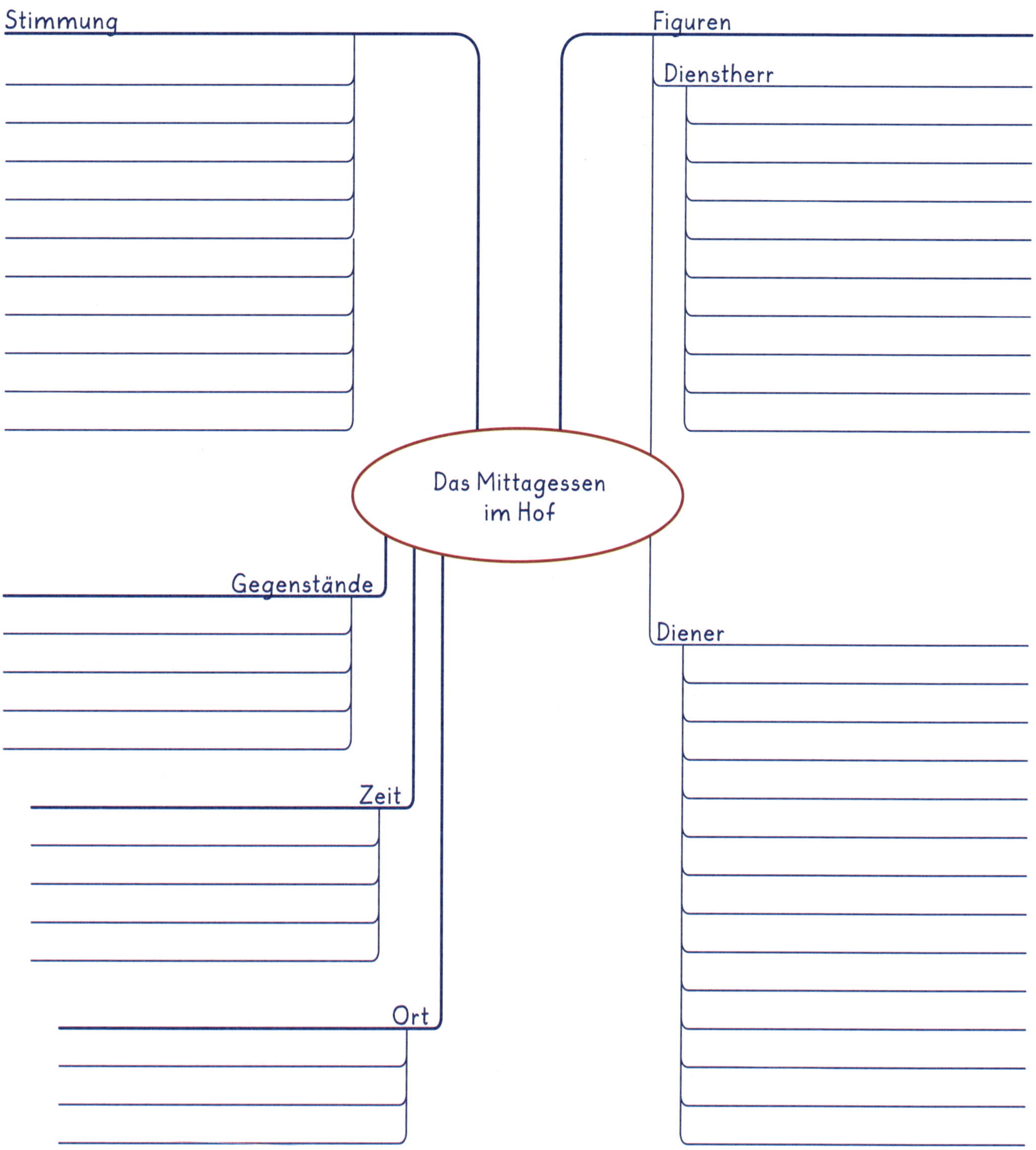

Die Form eines erzählenden Textes untersuchen

1 **a)** Der Text „Das Mittagessen im Hof" ist eine Kalendergeschichte. Informiere dich in der **INFO** über diese Gattung.
b) Finde im Text Merkmale, die auf die Kalendergeschichte zutreffen. Markiere sie.

→ Prüfe dazu die folgenden Merkmale: Sprache (einfach, mit Dialekt, wirkt mündlich erzählt), Thema (allgemeine Probleme des Lebens, Tod, Alter, Liebe), Inhalt (lustige/merkwürdige Begebenheit) und Form (Pointe).

c) Erkläre mithilfe deiner Markierungen, warum es sich um eine Kalendergeschichte handelt. Belege anhand von Beispielen aus dem Text.

2 Untersuche nun die Erzählperspektive der Kalendergeschichte:
a) Welche Erzählform verwendet Hebel? Belege anhand von Textstellen.

b) Überprüfe am Text, ob du Gefühle oder Gedanken der beiden Figuren erkennen kannst. Notiere die Textstellen (Zeilenangaben).

INFO

Kalendergeschichte

1. Kalendergeschichten sind meist **kürzere Erzählungen**. Ihr Name geht darauf zurück, dass sie bis ins 19. Jahrhundert häufig **auf den Rückseiten von volkstümlichen Kalenderblättern abgedruckt** wurden. Oft waren diese Geschichten gerade für Leute aus der einfachen Bevölkerung **der einzige Lesestoff** neben der Bibel.
2. Kalendergeschichten wollen **unterhalten**, aber auch **belehren**. Oft wird der Leser direkt angesprochen (= **Leseranrede**). Die **Themen** betreffen meist allgemeine **Probleme** aus dem (damaligen) **Leben**, aber auch **Tod, Liebe** oder das **Altern**. Dazu wird von **lustigen** oder **merkwürdigen Begebenheiten aus dem Volksleben** erzählt, die mit einer **Pointe** (überraschende Wendung) enden.
3. Die **Sprache** ist **einfach**, manchmal mit **Dialekt** und **an die mündliche Überlieferung angelehnt**. Sie kann auch umgangssprachliche Ausdrücke enthalten.

c) Gibt es Kommentare oder Urteile zum Geschehen? Notiere dir auch dazu die entsprechenden Textstellen.

____

____

d) Bestimme das Erzählverhalten des Textes. Begründe.

____

____

3 Um welchen Konflikt geht es in der Geschichte? Formuliere ihn.

____

____

→ Prüfe: Gibt es gegensätzliche Figuren? Welche Einstellungen vertreten sie jeweils? Hat eine Figur ein Problem, das sie im Laufe der Geschichte lösen muss?

4 Untersuche nun den Handlungsverlauf von „Das Mittagessen im Hof" mithilfe der Tabelle. Darin entspricht jede Zeile einem Erzählschritt:
a) Notiere in der ersten Spalte, worum es in diesem Erzählschritt geht.
b) Prüfe dann, wie der Autor diesen Erzählschritt gestaltet hat. Nutze dazu die Fragen in der **INFO** (Schülerband, Seite 195). Mache dir in der zweiten Spalte stichwortartig Notizen.
c) Ergänze in der dritten Spalte, welche Wirkung durch die Gestaltung erzielt wird.

	Worum geht es in dem Erzählschritt?	Wie wird der Erzählschritt gestaltet?	Welche Wirkung wird erzeugt?
Erzählschritt 1 Zeile ____ bis ____			
Erzählschritt 2 Zeile ____ bis ____			
Erzählschritt 3 Zeile ____ bis ____			
Erzählschritt 4 Zeile ____ bis ____			
Erzählschritt 5 Zeile ____ bis ____			
Erzählschritt 6 Zeile ____ bis ____			

Die sprachliche Gestaltung untersuchen

1 a) Wie ist der Satzbau der Kalendergeschichte gestaltet? Untersuche dazu den folgenden Satz: Besteht er aus Haupt- und/oder Nebensätzen? Gibt es Einschübe (ohne Prädikate)? Notiere deine Beobachtungen über dem Text.

erster ___________satz

Indessen sind viele von solchen Menschen nicht schlimm, sondern nur wunderlich, und wenn man sie nur immer recht kennete, inwendig und auswendig, und recht mit ihnen umzugehen wüsste, nie zu eigensinnig und nie zu nachgiebig, so wäre mancher wohl und leicht zur Besinnung zu bringen.

→ Markiere die Prädikate farbig und achte darauf, ob die Personalform an erster (= Hauptsatz) oder an letzter Satzgliedstelle (= Nebensatz) steht.

b) Wie wirkt dieser Satzbau? Kreuze an. Es sind mehrere Lösungen möglich.

A Der Satz ist unverständlich. ☐
B Der Satz klingt, als ob er mündlich von einem Erzähler gesprochen wird, der immer wieder Pausen macht. ☐
C Der Satz soll wie die dargestellte Sache etwas kompliziert wirken. ☐
D Der Satz wirkt einfach und überschaubar. ☐

2 a) Bei der Wortwahl fallen die Adjektive auf, mit denen Hebel die Geschichte ausschmückt. Markiere mindestens zehn Beispiele im Text und notiere sie.

____

b) Erläutere stichwortartig, was die Adjektive beim Leser bewirken.

____

3 a) Die Tabelle nennt weitere sprachliche Gestaltungsmittel, die Hebel verwendet hat. Markiere sie im Text und ergänze die Beispiele in der Tabelle. Nutze dazu auch den *Leitfaden: sprachliche Gestaltungsmittel (X)*.
b) Erläutere ihre Wirkung stichwortartig.

	Beispiel im Text (Zeile)	Wirkung
Inversion		
Ellipse		
Ausruf		
Aufzählung		
rhetorische Frage		
wörtliche Rede		

Eine Deutung entwickeln und persönlich Stellung nehmen

1 Ziehe Schlüsse aus deiner Untersuchung und deute den Text (s. **TIPP** im Schülerband, Seite 199). Denke daran, deine Ausführungen zu belegen:
a) Worin besteht der Konflikt? Beachte dazu deine Vorarbeit zu Aufgabe **3** (Seite 61).

Der Dienstherr ist mit der Suppe seines Dieners nicht zufrieden und ...

b) Erläutere, wie der Konflikt entsteht.

Der Dienstherr ist oft ...

c) Stelle dar, wie der Konflikt gelöst wird.

d) Welche Schlüsse kannst du aus der Lösung des Konflikts ziehen?

J. P. Hebel will auf unterhaltsame Art zeigen, wie ...

2 Nimm zu der Kalendergeschichte persönlich Stellung. Gehe vor, wie im **TIPP** (Schülerband, Seite 200) beschrieben.

→ Du kannst z. B. darauf eingehen, wie du mit solchen launischen Menschen umgehen würdest oder ob du den Ausgang der Geschichte (der Dienstherr lässt sich von seinem Angestellten eine Lehre erteilen) realistisch findest.

3 **a)** Lege in deinem Heft einen Schreibplan an wie im Schülerband auf Seite 202. Trage hier die Ergebnisse deiner Textuntersuchung stichwortartig ein.
b) Verfasse dann mithilfe deines Schreibplans eine zusammenhängende Textbeschreibung zu „Das Mittagessen im Hof“. Beachte dazu auch den *Leitfaden: Einen erzählenden Text beschreiben (VII/VIII)*.
c) Überprüfe deinen Entwurf mithilfe des *Leitfadens: Einen erzählenden Text beschreiben (VII/VIII)* und überarbeite ihn. Schreibe ihn noch einmal sauber ab.

Der Trend geht zur Natur – Aufgaben zum Textverständnis bearbeiten

1 **a)** Was stellst du dir unter dem Begriff *Urban Gardening* vor? Notiere stichwortartig deine Vermutungen, worum es bei diesem Naturtrend gehen könnte: Für wen könnte er interessant sein? Welche Vorteile könnte er bieten?

____

____

b) Überprüfe deine Vermutungen anhand des folgenden Sachtextes. Erschließe ihn mit der dir bekannten Lesemethode.

Urban Gardening

Annalena Huth

Wenn wir an Städte denken, denken wir an hohe Häuser und asphaltierte Straßen. Durch das stetige Anwachsen dieses Lebensraums Stadt nimmt die Bebauung immer mehr zu und landwirtschaftliche Nutzflächen werden reduziert. Genau dies soll sich mit dem Trend des *Urban Gardening* (deutsch: urbaner Gartenbau) ändern, denn rare und kostbare natürliche Flächen in städtischem Gebiet werden nun gärtnerisch genutzt.
Das Ziel des urbanen Gartenbaus ist die nachhaltige Bewirtschaftung des städtischen Raums durch den Anbau umweltschonender landwirtschaftlicher Erzeugnisse, um so für einen nachhaltigen Lebensstil zu sensibilisieren.
Der Ursprung des *Urban Gardening* liegt in der Metropole New York. Da es dort nachweislich kaum Platz gibt, weichen die Leute für den Gartenbau auf Dächer aus. Mit der *Eagle Street Rooftop Farm* entstand 2008 der erste urbane Dachgarten im Stadtteil Brooklyn. Viele freiwillige Helfer schufen an nur einem Tag eine 550 Quadratmeter große Anbaufläche. Dafür wurden 90.000 kg Erde auf Säcke und Filz verteilt. Als Dünger für das heimische Gemüse wird Kaffeesatz aus den Restaurants und Cafés in der Umgebung verwendet. Mittlerweile gibt es über 500 Gemeinschaftsgärten in New York, die die Stadtbewohner mit biologischem Gemüse und Obst versorgen.
Der Gemüseanbau im städtischen öffentlichen Raum, auf der Dachterrasse oder im Gemeinschaftsgarten, dient der Entschleunigung, als Ausgleich zum Bürojob, aber auch als Möglichkeit des kreativen und sozialen Miteinanders. Bisher wurden Dächer in Deutschland nur aus Gründen der Dachisolierung und der Energieeffizienz bepflanzt. Aber jetzt schwappt der Trend des *Urban Gardenings* nach Deutschland über. Vorreiter sind die *Prinzessinnengärten* in Berlin sowie das Kölner Projekt *Gemeinschaftsgarten Neuland*. Auch hier kommen viele Freiwillige zusammen und bewirtschaften die Anbauflächen – aus ganz unterschiedlichen Motiven. Während die einen Spaß am Gärtnern haben, wollen die anderen etwas zum Umweltschutz beitragen. Einige erfreuen sich am Grün in der Stadt und wieder andere wollen bedürftigen Menschen Zugang zu gutem, biologischem Gemüse verschaffen. Experten meinen sogar, dass der Gemüseanbau auf dem Dach bald ein wichtiger Faktor bei der Herstellung von Lebensmitteln sein könnte.

Urban Gardening lässt uns die Nähe zur Natur wiederentdecken. Doch nicht nur in gemeinsamen öffentlichen Projekten lässt sich dieser Trend verwirklichen, sondern auch im eigenen Wohnblock, sei es auf dem Flachdach, der Dachterrasse oder anderswo. Mit Blumentöpfen, Gewächshäusern und Hydrokulturen kann man sich seine eigene kleine Gartenoase gestalten. Diese liefert leckeres Gemüse, wie Tomaten, Radieschen und Kohlrabi, und lädt außerdem zu Ruhe und Entspannung ein.
Neben den sozialen und ökonomischen Beweggründen für das urbane Gärtnern gibt es auch einen ökologischen Vorteil. Denn durch die lokale Erzeugung von Nahrungsmitteln und deren ortsnahen Verzehr entfallen die Transportwege und es wird kein schädliches CO_2 produziert. Zudem wandeln die Pflanzen durch Photosynthese das in der Stadt entstandene CO_2 in frischen Sauerstoff um und tragen somit zur Verbesserung des städtischen Mikroklimas bei. Die Nutzung der vormals brachliegenden Flächen bildet außerdem ein Gegengewicht zu den Monokulturen in der Landwirtschaft und dient der Artenvielfalt. Die Vorteile liegen auf der Hand: ökologisch einwandfreie Erzeugnisse, das Gefühl, etwas mit den eigenen Händen geschaffen zu haben, aber auch kleine Grünoasen, die Ruhe und Entspannung bringen. Die begrünten Ecken bereichern natürlich nicht zuletzt das Stadtbild und tragen zur nachhaltigen Stadtentwicklung bei.

2 Überprüfe dein Textverständnis mithilfe der folgenden Aufgaben.

a) Welche Aussagen treffen auf den Text zu? Kreuze die richtigen Antworten an:

A *Urban Gardening* heißt übersetzt so viel wie städtischer Gartenbau. ☐
B *Urban Gardening* zielt darauf ab, auf dem Land mehr biologische Produkte nur für Städter anzupflanzen. ☐
C *Urban Gardening* möchte, dass die Landwirtschaft wieder mehr Nutzflächen erhält und dafür der Städtebau begrenzt wird. ☐
D Beim *Urban Gardening* werden städtische Flächen gärtnerisch genutzt, indem man dort landwirtschaftliche Produkte anbaut. ☐

b) Beschreibe in eigenen Worten, wo und wie der Naturtrend *Urban Gardening* entstanden ist.

____

____

____

c) Gib an, womit die Gemeinschaftsgärten in New York ihre Anbauflächen düngen. Nenne dazu die entsprechende Zeile aus dem Text als Beleg.

____

d) Wo entstanden die ersten städtischen Gemeinschaftsgärten in Deutschland. Kreuze die richtigen Antworten an:

A Berlin ☐
B Frankfurt ☐
C München ☐
D Köln ☐

e) Erläutere, aus welchen Gründen viele Menschen diesem Trend folgen.

______

______

______

→ Beachte dazu u. a. die Zeilen 21–39 im Text.

f) Erkläre, welche Vorteile *Urban Gardening* für die Umwelt hat.

______

______

______

g) Was benötigt man, um selbst *Urban Gardening* zu betreiben? Nenne die im Text genannten Voraussetzungen dazu.

______

______

3 **a)** Betrachte die Grafik und erschließe sie. Mache dir dazu Notizen.

b) Erkläre in einem Satz, worüber die Grafik informiert.

______

c) Lies noch einmal den Sachtext (Seiten 64 und 65) und vergleiche ihn mit der Grafik: Unterstützt, ergänzt oder widerlegt die Grafik die Aussagen des Sachtextes? Begründe anhand von Belegen aus dem Text und der Grafik.

______

______

______

Ein Gedicht beschreiben

1 **a)** Betrachte das Bild und mache dir Notizen zu folgenden Fragen: Was erkennst du darauf? Wie wirkt die Atmosphäre auf dich? Wie würdest du dich in so einer Umgebung fühlen?

____

____

____

b) Lies die Überschrift des Gedichts und stelle in Verbindung mit dem Bild Vermutungen dazu an, wovon es handeln könnte. Lies dann das ganze Gedicht.

____

____

Eines Tages

Ilona Bodden (1940–1985)

Eines Tages,
wird der Vater seinen Sohn bei der Hand nehmen.
Er wird mit ihm
durch die glasüberdeckten Straßen gehen,
an Schaufenstern stehen bleibend
mit mechanischem Spielzeug
wird er vielleicht
die Schnellbahn benutzen
und unter den Rhythmen von Elektronik-Musik
in einem kleinen Café
künstliche Nahrungsmittel genießen,
regenbogenfarbenen Schaum
irgendwelcher Substanzen.
Und er wird,
durch fremde Gifte in seinem Blut seltsam angeregt,
mit seinem Sohn das Café verlassen
und durch die staubfreien, glasüberdeckten Straßen
davongehen
bis zu einem Gebäude,
aus dessen Drehtür
der Atem der Jahrhunderte weht.
Und er wird dort umhergehen,
seinem Sohn dies und jenes weisend,
und endlich
unter einem Glassturz (Berühren verboten)
zeigen:
Sieh mal! Ein Baum ...

c) Haben sich deine Erwartungen aus Aufgabe **b)** bestätigt?

Verfasse eine Beschreibung zu dem Gedicht auf Seite 67. Wie du deinen Aufsatz aufbauen musst, kannst du dem Schreibplan entnehmen.

2 Plane deine Gedichtbeschreibung:
a) Erschließe den Text mit der Lesemethode für Gedichte.
b) Mache dir im folgenden Schreibplan Notizen zu deiner Gedichtuntersuchung.

Arbeitsschritte	Stichwörter zur Vorbereitung
1. Einleitung	
Einleitungssatz (TATTE): **T**itel, **A**utor, **T**extsorte (ggf. Gedichtform), **T**hema, **E**rscheinungsjahr	- … - Ilona Bodden - … - … - kein Erscheinungsjahr angegeben, sondern Lebensdaten; Gedicht demnach ungefähr …
Absatz	
2. Hauptteil	
A Gib den **Inhalt knapp** und **in eigenen Worten** wieder (Situation, Sprecher, Personen, Gefühle, Stimmung …).	
B Form Beschreibe die formale Gestaltung und ihre Wirkung: – Strophenaufbau (Anzahl der Strophen und Verse, Länge der Strophen) – Reimwörter/Reimschema – Enjambements – Metrum/Rhythmus – ⇨ Kadenzen	
C Sprache Untersuche die sprachlichen Gestaltungsmittel des Textes und deren Wirkung.	- Parallelismen in den Versen … - Metaphern in den Versen … - Aufzählung in Vers …

D Zusammenwirken Stelle den Zusammenhang von Inhalt, Form und Sprache her. Wie unterstützen sie die Atmosphäre/Stimmung im Gedicht?	
Absatz	
3. Schluss	
A Deutung Ziehe Schlüsse aus deiner Untersuchung und deute das Gedicht.	
B Persönliche Stellungnahme – Vergleich mit eigenen Erfahrungen – Was hat mich persönlich angesprochen oder nachdenklich gemacht? – Verbinde ich bestimmte Wünsche, Hoffnungen oder Zukunftsaussichten mit dem Gedicht?	

3 Verfasse eine zusammenhängende Gedichtbeschreibung in deinem Heft. Beachte dazu auch den *Leitfaden: Eine Gedichtbeschreibung verfassen (VII/VIII)*.

a) Formuliere einen Einleitungssatz.

Das … mit dem Titel … wurde von … geschrieben. Ein Erscheinungsjahr ist nicht angegeben. Da die Dichterin jedoch … gelebt hat, wird das Gedicht wahrscheinlich … entstanden sein.

→ Wenn du dir bei der Formulierung des Themas unsicher bist, prüfe die folgenden drei Sätze und wähle den deiner Meinung nach passenden Satz aus:
Es geht um eine Naturkatastrophe, bei der das gesamte Ökosystem der Erde zerstört wurde. / Es geht um einen Museumsbesuch von Vater und Sohn, bei dem sie sich die Vergangenheit anschauen wollen. / Es geht um eine Zukunftsvision, in der alles künstlich ist und nichts Natürliches mehr existiert.

b) Gib den Inhalt in wenigen Sätzen und eigenen Worten wieder.

In dem Gedicht wird beschrieben, wie ein … mit seinem … durch eine … geht. Dabei kommen sie vorbei an … Der Spaziergang durch die …

c) Beschreibe gründlich die formale und sprachliche Gestaltung des Gedichts und setze sie mit dem Inhalt in Beziehung. Erläutere dabei die Wirkung.

→ Denke auch daran, den Bezug zwischen dem Titel und dem Inhalt des Gedichts aufzuzeigen: Worauf verweisen die Wörter „Eines Tages“? Welche Wirkung lösen sie im Zusammenspiel mit dem Inhalt beim Leser aus?

d) Formuliere eine mögliche Deutung des Gedichts.

Ilona Bodden will mit dem Gedicht an die Leser appellieren … Es ist als Aufruf zu verstehen, mehr für … zu tun, damit es …

e) Verfasse eine persönliche Stellungnahme zu dem Gedicht.

f) Überprüfe deine Gedichtbeschreibung mithilfe des *Leitfadens: Eine Gedichtbeschreibung verfassen (VII/VIII)* und überarbeite sie.

Wie gut kennst du dich in der Grammatik aus?

Big-Wave-Surfer von Nazaré: Im Hoch der Welle

Frank Gensthaler

[...]

Die größten[1] Wellen der Welt finden Surfer nicht in Hawaii, Südafrika oder Australien – nein: im portugiesischen Nazaré. Wegen ihnen[2] ist auch der Nürnberger Sebastian Steudtner vor drei Jahren in den kleinen Küstenort[3] gezogen, rund 100 Kilometer von Lissabon entfernt. Der 32-Jährige ist der einzige Deutsche in der Weltelite der Big-Wave-Surfer und hat[4.1] bereits zweimal den Preis für die größte gesurfte Welle des Jahres gewonnen[4.2], den „XXL Big Wave Award". [...] Sebastian Steudtners Wohnort ist einzigartig in Europa. Hier[5] rollen zwischen Spätherbst und Frühling Monsterwellen an die Küste – bis zu mehr als 20 Meter hoch. 2009 hatte der damalige Bürgermeister der Gemeinde die Idee, diese „Big Waves" zu vermarkten[6]. Sein Team schickte per E-Mail Videos und Fotos der Riesenwellen an einige Surfer – darunter an Garrett McNamara. Der Hawaiianer antwortete, kam, sah und surfte[7] 2011 eine 23,7 Meter hohe Welle – Weltrekord! Bis jetzt hat noch niemand[8] offiziell McNamaras Bestleistung geknackt. Auch Steudtner nicht, obwohl er inzwischen Anspruch[9] auf den Rekord angemeldet hat. [...] Offizielle Bestätigungen der US-Jury, die für die Big Wave Awards zuständig ist, sind allerdings rar: Das Messen ist schwierig, Schwankungen bei den Berechnungen von bis zu drei Meter sind normal.[10] [...] Angelockt von Monsterwellen und Rekordjagden[11] kommen immer mehr Touristen in den kleinen Fischerort. [...] Allein in den letzten vier Jahren hat sich die Besucherzahl des Leuchtturms auf der Klippe verdoppelt. [...] Die Fischer leben mit den Riesenwellen[12] schon seit jeher. „Witwenmacher" nennen sie[13] das Naturphänomen, das sie zu umschiffen versuchten. Verursacht wird[14] es durch einen Unterwassercanyon mit bis zu 5000 Meter Tiefe und 200 Kilometer Länge, der 200 Meter entfernt vor den Klippen der Stadt[15] endet. Über der dort noch immer 150 Meter tiefen Schlucht[16] haben die Wellen dieselbe[17] Geschwindigkeit wie im Ozean, im flachen Wasser gleich daneben bewegen sie sich langsamer. Auch für die Surfer sind die bis zu 80 km/h schnellen Wellen extrem gefährlich: 2013 etwa bezahlte die Brasilianerin Maya Gabeira den Ritt ihres Lebens[18] fast mit dem Tod. Während der Fahrt brach sie sich den Knöchel, weil das Brett zu hart aufs Wasser aufschlug[19]. Sie stürzte und musste gerettet und am Strand wiederbelebt werden. Zwei Jahre Reha und zwei Rückenoperationen später[20] surft sie wieder. Im November letzten Jahres brach sich der US-Amerikaner Andrew Cotton den Rücken. [...] Um fit für die Welle zu sein[21], absolviert Sebastian Steudtner ein hartes Trainingsprogramm[22]. Außerdem hat er ein ausgeklügeltes Sicherheitssystem entwickelt: Wenn er sich von einem Jetskifahrer in die Riesenwellen ziehen lässt[23], unterstützt ihn ein ganzes Team: Ein Beobachter mit Fernglas[24] auf der Klippe gibt Tipps für die beste Welle, mehrere Rettungsfahrer auf Jetskis stehen bereit und ein deutscher Militärarzt am Strand, der[25] extra eingeflogen wird. [...]

1 Teste dein Wissen über Grammatik. Betrachte dazu die Unterstreichungen. Zu diesen findest du 25 Aufgaben auf den Seiten 71 und 72. Entscheide dich jeweils für eine Antwort und kreuze das danebenstehende Kästchen an. Die Buchstaben davor ergeben einen Lösungssatz, wenn deine Antworten richtig waren.
Tipp: Wenn du dir bei den Antworten nicht sicher bist, schlage die Begriffe im Basiswissen des Schülerbandes *Klartext 10* nach.

① Benenne die Steigerungsstufe des Adjektivs:
F Positiv ☐ **B** Komparativ ☐ **S** Superlativ ☐

② a) Bestimme die Wortart.
U Personalpronomen ☐ **O** Demonstrativpronomen ☐ **C** Relativpronomen ☐

b) In welchem Kasus wird diese Wortart verwendet?
A Nominativ ☐ **F** Genitiv ☐ **R** Dativ ☐

③ Bestimme den Kasus des Nomens, das auf die Präposition folgt:
E Genitiv ☐ **H** Dativ ☐ **F** Akkusativ ☐

④ In welcher Zeitform steht das Verb?
E Perfekt ☐ **B** Präteritum ☐ **N** Plusquamperfekt ☐

⑤ Bestimme die Wortart:
I Adjektiv ☐ **L** Präposition ☐ **N** Adverb ☐

⑥ Um welche Satzkonstruktion handelt es sich?
S Satzreihe ☐ **A** Infinitivgruppe ☐ **T** Partizipialgruppe

⑦ In welcher Zeitform stehen die Verben?
G Präsens ☐ **N** Präteritum ☐ **E** Perfekt ☐

⑧ Bestimme die Wortart:
F Nomen ☐ **D** Indefinitpronomen ☐ **N** Adverb

⑨ Bestimme den Kasus des Nomens:
A Nominativ ☐ **I** Dativ ☐ **E** Akkusativ ☐

⑩ Um welche Satzkonstruktion handelt es sich?
R Satzreihe ☐ **S** Satzgefüge ☐ **M** Partizipialgruppe ☐

⑪ Um welche Satzkonstruktion handelt es sich?
E Infinitivgruppe ☐ **U** Satzreihe ☐ **K** Partizipialgruppe ☐

⑫ Bestimme den Kasus des Nomens:
A Nominativ ☐ **L** Genitiv ☐ **Ü** Dativ ☐

⑬ a) Um welche Wortart handelt es sich?
S Personalpronomen ☐ **O** Demonstrativpronomen ☐ **C** Relativpronomen ☐

b) Welchem Satzglied entspricht es?
T Subjekt ☐ **D** Prädikat ☐ **T** Akkusativobjekt ☐

⑭ Bestimme die Verbform:
E Verb im Passiv ☐ **U** Verb im Aktiv ☐ **V** Verb im Futur ☐

⑮ Was für ein Attribut wird verwendet?
P Adjektivattribut ☐ **V** Genitivattribut ☐ **K** Präpositionalattribut ☐

⑯ Bestimme das Satzglied:
P adverbiale Bestimmung des Grundes ☐ **O** adverbiale Bestimmung des Ortes ☐
K adverbiale Bestimmung der Art und Weise ☐

⑰ Bestimme die Wortart:
G Konjunktion ☐ **R** Adverb ☐ **N** Demonstrativpronomen ☐

⑱ Bestimme den Kasus des Nomens:
P Genitiv ☐ **U** Dativ ☐ **V** Akkusativ ☐

⑲ Um was für einen Satz handelt es sich?
F Relativsatz ☐ **T** Hauptsatz ☐ **O** Nebensatz mit Konjunktion ☐

⑳ Bestimme das Satzglied:
R adverbiale Bestimmung der Zeit ☐ **O** adverbiale Bestimmung des Ortes ☐
K adverbiale Bestimmung des Grundes ☐

㉑ Um welche Satzkonstruktion handelt es sich?
T Infinitivgruppe ☐ **U** Satzreihe ☐ **M** Partizipialgruppe ☐

㉒ Bestimme den Kasus des Nomens:
O Nominativ ☐ **V** Dativ ☐ **U** Akkusativ ☐

㉓ Um was für einen Satz handelt es sich?
F Partizipialkonstruktion ☐ **T** Hauptsatz ☐ **G** Nebensatz mit Konjunktion ☐

㉔ Was für ein Attribut wird verwendet?
P Adjektivattribut ☐ **O** Genitivattribut ☐ **A** Präpositionalattribut ☐

㉕ Bestimme die Wortart:
G bestimmter Artikel ☐ **R** unbestimmter Artikel ☐ **L** Relativpronomen ☐

Lösung: ___ ___ ___ ___ ___   ___ ___   ___ ___ ___   ___ ___ ___ ___
1 2 3 4 5   6 7   8 9 10   11 12 13 14

___ ___ ___   ___ ___ ___ ___ ___ ___ ___ ___
15 16 17   18 19 20 21 22 23 24 25

2 Ein Schüler meint zu dem Extremtrend Big-Wave-Surfing:
„Ich finde, dass die Big-Wave-Surfer keine großartige Leistung erbringen. Schließlich paddeln sie nicht selbst in die Welle, sondern lassen sich von einem Jet-Ski hineinziehen. Das ist wie ein Extrembergsteiger, der auf zusätzlichen Sauerstoff angewiesen ist. Da finde ich die einfachen Surfer besser, weil sie die Welle aus eigener Kraft bezwungen haben."
Nimm zu dieser Aussage begründet Stellung, indem du die Sportler und ihre Leistungen beurteilst. Schreibe in dein Heft.

3 ⊖ Recherchiere Informationen über die im Text genannten Big-Wave-Surfer und stelle ihren Werdegang und ihre sportlichen Erfolge in einem Kurzreferat vor. Du kannst auch über andere Extremsurfer wie z.B. Laird Hamilton referieren.

Nomen – den Kasus richtig verwenden

Gute Geduld

Johann Peter Hebel (1811)

(1. *Ein Franzose*) Ein Franzose ritt eines Tages auf eine Brücke zu, die über (2. *ein Wasser*) ______ ging und so schmal war, dass sich (3. *zwei Reitende*) ______ kaum darauf ausweichen konnten. Ein Engländer ritt von der anderen Seite auf (4. *die Brücke*) ______ zu. Als sie auf (5. *die Mitte*) ______ zusammentrafen, wollte keiner dem anderen Platz machen. „Ein Engländer geht (6. *kein Franzose*) ______ aus (7. *der Weg*) ______ “, sagte der Engländer. „Par Dieu[1]“, erwiderte der Franzose, „mein Pferd ist auch Engländer. Es ist schade, dass ich hier keine Gelegenheit habe, es umzukehren und Euch (8. *sein Stumpfschweif*[2]) ______ zu zeigen. Also lasst doch wenigstens Euren Engländer, auf dem Ihr reitet, meinem Engländer, wo ich drauf reite, aus (9. *der Weg*) ______ gehen. [...] Allein der Engländer machte sich wenig aus (10. *dieser Einfall*) ______, sondern sagte: „Ich kann warten. Ich habe jetzt (11. *die beste Gelegenheit*) ______, die heutige Zeitung zu lesen, bis es euch gefällt, Platz zu machen.“ Also zog er kaltblütig, wie die Engländer sind, eine Zeitung aus (12. *die Tasche*) ______, wickelte sie auseinander wie ein Handtuch und las darin eine Stunde lang, auf (13. *das Ross*) ______ und auf (14. *die Brücke*) ______, und die Sonne sah nicht aus, als wenn sie (15. *die Tore*[3]) ______ noch lange zusehen wollte, sondern neigte sich stark gegen die Berge. Nach einer Stunde aber, als er fertig war und die Zeitung (16. *der Tag*) ______ wieder zusammenlegen wollte, sah er (17. *der Franzose*) ______ an und sagte: „Eh bien[4]!“ Aber der Franzose hatte (18. *sein Kopf*) ______ auch nicht verloren, sondern erwiderte: „Engländer, seid so gut und gebt mir jetzt Eure Zeitung auch ein wenig, dass ich ebenfalls darin lesen kann, bis es Euch gefällt, auszuweichen.“ Als aber der Engländer diese Geduld (19. *sein Gegner*) ______ sah, sagte er: „[...] Kommt, ich will Euch Platz machen.“ Also machte der Engländer (20. *der Franzose*) ______ Platz.

[1] sinngemäß: Meine Güte!

[2] ein gekürzter/hochgebundener Pferdeschwanz

[3] die Narren

[4] Nun gut!

1 Beurteile, welches Verhalten du pfiffiger findest – das des Engländers oder das des Franzosen. Schreibe in dein Heft. Belege deine Bewertung mithilfe des Textes.

2 Ergänze mithilfe der **INFO** im Schülerband auf Seite 270 die Nomen aus den Klammern im richtigen Kasus.

→ Du musst noch einmal den Nominativ, zweimal den Genitiv, zehnmal den Dativ und sechsmal den Akkusativ verwenden.

Satzverknüpfungswörter – Sätze verbinden

Jannik möchte für die Schülerzeitung einen Artikel über Extremsportarten schreiben. Deshalb hat er einen Arzt der Sportklinik Bonn darüber befragt.

Jannik: Sport ist gesund. Gilt das auch für die Extremsportarten?

Arzt: Bei den Extremsportarten steht meist die Gefahr und nicht die Gesundheit im Vordergrund. (1) ___________ Grenzen überschritten werden, kann es zu gesundheitlichen Schäden kommen.

Jannik: Warum sind diese Sportarten dann so beliebt?

Arzt: Viele Menschen lieben den Nervenkitzel. Und sie sind sorglos, (2) ___________ wir selbst immer hoffen, (3) ___________ uns nichts passiert. Dieser Nervenkitzel entsteht auch dann, (4) ___________ wir anderen dabei zuschauen, (5) ___________ sie ihr Leben aufs Spiel setzen.

Jannik: Sind denn alle Extremsportarten lebensgefährlich?

Arzt: Das kommt immer auf das Umfeld an. Bungeejumping oder Slacklining stellen nur dann eine Gefahr dar, (6) ___________ man sie in einem ungeeigneten Umfeld betreibt, z. B. von einem zerklüfteten Steilufer springt oder ungesichert über eine Schlucht balanciert. (7) ___________ sich die Sportler dieser Gefahr bewusst sind, gehen sie das hohe Risiko ein. Dieses Spiel mit dem Tod verschafft ihnen einen Kick.

Slacklining

Jannik: Gibt es noch weitere gefährliche Sportarten?

Arzt: Sicherlich gibt es viele davon, (8) ___________ es gibt auch einige, bei denen man auf Anhieb nicht daran denkt, wie z. B. Bodybuilding.

Jannik: Bodybuilding? Das mache ich doch auch!

Arzt: Dann sei vorsichtig. Bodybuilding kann Mord am eigenen Körper sein, (9) _____ man durch das Training so viel Muskelmasse aufbaut, (10) ___________ man hinterher nicht mehr in seine Hemden passt. Erst mag es ganz attraktiv wirken, (11) ______ hört man mit dem Training auf, kommt es zu fatalen Folgen. Der Körper verformt sich durch den Abbau der Muskelmasse, (12) ___________ er sich schlimmstenfalls so entwickelt, (13) ___________ man ihn nie haben wollte.

Jannik: Ich dachte immer, Boxen sei der gefährlichste Sport.

Arzt: Ja, gesund ist der Sport wirklich nicht. Die schlimmsten Verletzungen entstehen, (14) ___________ die Kopfpartien getroffen werden. Dies führt zu Hirnschäden, (15) ___________ die Fäuste mit einer großen Wucht aufprallen.

→ Aus diesen Satzverknüpfungswörtern kannst du wählen. Einige davon musst du mehrfach verwenden: **aber, da, dass, obwohl, sodass, weil, wenn, wie.**

1 **a)** Ergänze in den Lücken die fehlenden Satzverknüpfungswörter. Probiere gegebenenfalls verschiedene aus, sodass eine sinnvolle Aussage entsteht.
b) Notiere über den unterordnenden Konjunktionen, welche Art von Beziehung zwischen Haupt- und Nebensatz entsteht (vgl. **INFO** im Schülerband auf Seite 275).

Satzglieder ermitteln

A In unseren Ozeanen (Wo? adv. Bestimmung des Ortes) treibt (________) seit Jahren (________) eine Unmenge Plastikmüll (________).

B Meerestiere (________) halten (________) die bunten Plastikteile (________) oft (________) für Nahrung (________).

C Aufgrund dieses Irrtums (________) findet (________) man (________) immer häufiger (________) tote Seevögel (________) mit Kunststoffteilen (________) im Magen (________).

D Die Tiere (________) erleiden (________) tödliche Verstopfungen (________) oder sie (________) verhungern (________) mit vollem Bauch (________).

E Die Verschmutzung unserer Meere (________) ist (________) seit Längerem (________) bewiesen (________), weil der Mageninhalt toter Eissturmvögel darüber Auskunft gibt (________).

F Wissenschaftler (________) fanden (________) bei 93 Prozent der Eissturmvögel (________) Plastikteile (________) im Magen ________).

G Wegen unseres sorglosen Umgangs mit Plastik (________) werden (________) die Meerestiere (________) ihres Lebensraums (________) beraubt (________).

H Der Müll (________) schadet (________) ihnen (________) immens (________).

1 Bestimme die Satzglieder. Schreibe in jede Klammer das passende Fragewort und die Bezeichnung des Satzglieds (vgl. **INFO** im Schülerband auf Seite 277).

→ Diese Satzglieder musst du bestimmen: Subjekt (9x), Prädikat (9x), Genitivobjekt (1x), Dativobjekt (1x), Akkusativobjekt (4x), präpositionales Objekt (3x), adv. Bestimmung der Zeit (4x), adv. Bestimmung des Ortes (3x), adv. Bestimmung des Grundes (2x), adv. Bestimmung der Art und Weise (2x), Adverbialsatz (1x).

Mit Attributen genaue Angaben machen

Schuften für unsere Lieblingsschokolade

Kaum nähern sich Weihnachten oder Ostern, strahlen uns Schokoladenfiguren, die in Hochglanz verpackt sind ( ), entgegen. Und wer von uns legt nicht die eine oder andere süße ( ) Köstlichkeit in den übervollen ( ) Einkaufswagen? Kaum jemand macht sich dabei ernsthafte ( ) Gedanken, wie die Kakaobohnen geerntet werden, aus denen unsere Schokohasen und -nikoläuse hergestellt werden ( ).
Mit 40 Prozent des weltweit gehandelten Kakaos ( ) ist die westafrikanische ( ) Elfenbeinküste der größte ( ) Kakaoexporteur der Welt ( ). Insgesamt 1,2 Millionen Tonnen des begehrten Rohstoffs ( ) werden dort jährlich produziert. Dennoch gehört die Region zu den 20 ärmsten Ländern der Welt mit Kinderarbeit ( ). Für Kakaobohnen, aus denen auch Schokohasen hergestellt werden ( ), müssen sich 600.000 Kinder in den Ländern Westafrikas ( ) plagen.
John Major, Mitglied der Organisation FairChoc ( ), betont: „Durch die harte Arbeit fehlt es den Kindern nicht nur an einer Schulbildung, die ihre Zukunft verbessern könnte ( ), sondern sie leiden unter körperlichen ( ) Schäden. Die vielen Stunden, in denen die Kinder auf die Kakaobäume klettern oder gebückt über Waschbecken die Bohnen reinigen ( ), führen zu bleibenden ( ) Rückenschäden. Dadurch wird das Wachstum der Kinderarbeiter ( ) dauerhaft beeinträchtigt.“ Das Wissen um diese Konsequenzen ( ) der Kinderarbeit ( ) ist schon lange vorhanden. Aber auch wenn die Lebensmittelkonzerne Europas und Nordamerikas ( ) die Lieferanten immer wieder ermahnen, bei der Ernte der Kakaobohnen ( ) auf Arbeiter unter 14 Jahren ( ) zu verzichten, ändert sich nicht viel. Kinderarbeit, ein notwendiges Übel ( ), wird von Eltern toleriert, wenn sie sich so vor elendigem ( ) Hunger und Not schützen können. Durch mangelnde ( ) Bildung fehlt es häufig an Alternativen.

1 Bestimme die Attribute im Text. Nutze dazu die **INFO** im Schülerband auf Seite 280, indem du den Buchstaben für die entsprechende Bezeichnung in die Klammern einträgst.

→ In dem Text gibt es neun Adjektivattribute, acht Genitivattribute, fünf Attributsätze, drei Präpositionalattribute und zwei Appositionen.

Die Lösung des Problems kann also nicht nur in einem Verbot der Kinderarbeit liegen. So fordert John Major: „Nur wenn die Verbraucher in Europa bereit sind, mehr Geld beim Kauf von Schokolade auszugeben, können wir auf lange Sicht faire Arbeitsbedingungen für die Menschen in Afrika schaffen, die an der Schokoladenproduktion beteiligt sind.“

2 **a)** Finde die Attribute im zweiten Teil des Textes. Notiere sie in deinem Heft.
b) Bestimme auch diese Attribute wie in Aufgabe **1**.

Formal angemessen sprechen

Herr K.: Guten Tag, Herr Stahmer, schön, dass wir uns kennenlernen.
Felix: Hallo.

Herr K.: Nehmen Sie doch bitte Platz.
Felix: O.k.

Herr K.: Haben Sie uns denn gleich gefunden?
Felix: War nicht schwer, ham 'nen Navi.

Herr K.: Ah, dann sind Sie mit dem Auto angereist.
Felix: Freund von mir hat mich gefahrn.

Herr K.: War es denn voll auf der Autobahn?
Felix: Volle Kanne! Beinahe ham wir die Abfahrt-Süd versemmelt.

Herr K.: Das wäre natürlich schlecht gewesen, denn über die Abfahrt Nord ist es ein weiter Umweg zu uns. Darf ich Ihnen etwas zu trinken anbieten: Kaffee, Tee oder Saft?
Felix: Kaffee wär' jetzt supi.

Herr K.: Ja, gerne. Möchten Sie Milch oder Zucker dazu?
Felix: Schwarz passt schon.

Herr K.: Na schön. – Sie haben sich bei uns für die Ausbildungsstelle zum Mechatroniker beworben. Haben Sie schon eine Vorstellung, womit Sie es da zu tun haben werden?
Felix: Irgendwie schon. Halt so über Berufenet, Betriebspraktikum und so.

Herr K.: Warum interessiert Sie gerade dieser Beruf?
Felix: Mag Technik; alles, was so mit Mechanik und Elektronik zu tun hat. Bastle gerne, auch mit dem Computer und so ...

1 Felix ist zu einem Vorstellungsgespräch bei Herrn Kretschmer eingeladen worden:

a) Untersuche, ob Felix' Redebeiträge sprachlich angemessen sind. Nutze dazu die **INFOs** auf den Seiten 289, 290 und 291 im Schülerband. Was könnte auf Herrn Kretschmer unangemessen wirken?

➜ Achte auf Folgendes: Sind die Sätze vollständig? Wie spricht Felix Herrn Kretschmer an? Gibt es umgangssprachliche und jugendsprachliche Wörter?

b) Überlege dir bessere Formulierungen und schreibe sie in die Zeilen daneben. Berücksichtige Höflichkeitsformen (z.B. bei der Anrede Namen nennen, Begrüßungs- und Dankformeln ...) und ergänze den Text nach eigenem Ermessen.

Sprachentwicklung – Sprache im Wandel

Von „knorke“ bis „gaga“ – die Entwicklung der Jugendsprache

Zeitraum	Ausdruck der Bewunderung	Ausdruck der Missachtung	Jemanden umwerben	Bezeichnung für eine Frau	Bezeichnung für einen Mann
vor 1900	famos, delicat, splendid	impertinent, stockmiserabel	backfischen, poussieren	flotter Besen, Grazie, Nymphe	Camuff, Laffe
1900–1930	fabelhaft, knorke, fein, tadellos	gemein, mies, scheußlich	anschwirren, balzen, schwärmen	Flamme, Schnalle, Maus	Armleuchter, Dusel
1960–1970	dufte, wonnig, flott	abgelaufen, bescheuert, vergammelt	aufreißen, anbohren	Biene, Mieze, steiler Zahn	Heini, Trottel, Macker
1970–1980	bombastisch, toff, hip	undufte, urinös, krank	Süßholz raspeln, miezeln, aufreißen	Puppe, Schnecke, Torte	Knalltüte, Obertrottel, Hammertyp
1980–1990	astrein, galaktisch, oberaffengeil	fies, finster, ätzend	angraben, anmachen, auf Hasenjagd gehen	Braut, Sahneschnitte, Schnalle	Scheich, Hirni, Spasti
1990–2000	ultrakrass, verschärft, granatenmäßig	abgefuckt, beknackt, ungeil	anbaggern, anlabern, sich ran-schmeißen	Feger, Tussi, Perle	Nullchecker, Spacko, Lover
2000	fett, endgeil, verludert	assig, gaga, pissig	gruscheln, smirten, scannen	Chica, Chic, Keule	Loser, Honk, Opfer
nach 2010					

1 In der Tabelle findest du Bezeichnungen und Ausdrücke, die sich im Laufe der Zeit stark verändert haben. Untersuche die Tabelle wie ein Sprachforscher:

a) Wie weit reicht dein Wortschatz? Kennzeichne die Begriffe in drei Farben:
- Verwende Rot für Begriffe, die auch du noch verwendest,
- Blau für Begriffe, die du nicht verwendest, aber kennst,
- Grün für Begriffe, die du überhaupt nicht kennst.

b) Zähle die Markierungen jeder Farbe. Bis zu welcher Zeit reicht dein Wortschatz?

verwende ich auch (R): ________ kenne ich (B): ________ unbekannt (G): ________

Mein Wortschatz reicht zurück bis ________.

c) Untersuche die Bezeichnungen für Frau und Mann. Kennzeichne Begriffe mit abfälliger Bedeutung mit – und Begriffe, die anerkennend gemeint sind, mit +.

d) Notiere in der Zeile *nach 2010* für jede Spalte Begriffe, die aktuell von Jugendlichen verwendet werden. Gib für die letzten beiden Spalten erneut durch + und – an, ob sie eine positive oder eine eher negative Bedeutung haben.

Nomen und Nominalisierungen erkennen

A Ist der Sommer 2018 ein ZEICHEN für den Klimawandel?

Der Sommer 2018 hat einige REKORDE gebrochen. Bereits Januar und April waren mit über VIER Grad mehr als im DURCHSCHNITT aufgefallen und der ZEITRAUM Juli/August brachte HITZEWELLEN und ein beträchtliches MEHR an TROCKENHEIT. Auch der September setzte das MUSTER mit Temperaturen um die 30 GRAD und KAUM REGEN fort. Die FOLGEN konnte man an vielen Stellen ERKENNEN: So kam es zum BEISPIEL in Münster zu einer ÖKOLOGISCHEN KATASTROPHE, als im Aasee 20 TONNEN FISCH wegen SAUERSTOFFMANGELS – ausgelöst durch HITZE und REGENMANGEL – verendeten. Das EINSAMMELN und BESEITIGEN der TOTEN FISCHE wurde von Mitarbeitern der STADT Münster, des DLRG und der FEUERWEHR koordiniert.

B In den stauseen tauchten bauwerke auf, die seit langer zeit überflutet waren, wie zum beispiel die aselerbrücke im edersee oder die hevebrücke im möhnesee. Der wasserstand des möhnesees, der eine gleichmäßige wasserversorgung des ruhrgebiets garantieren soll, war bis ende 2018 auf ca. 30% zurückgegangen. Das spazierengehen durch vertrocknete felder und wälder wurde alltäglich und immer wieder brachen durch funkenflug flächenbrände aus, die von der feuerwehr gelöscht werden mussten. Als im dezember der begriff „heißzeit" zum wort des jahres 2018 gekürt wurde, hielt sich das staunen deshalb in grenzen.
Der deutsche wetterdienst (DWD) bezeichnet inzwischen den sommer 2018 als außergewöhnliches ereignis, nicht nur für deutschland, sondern für ganz europa. Mit einer abweichung von 3,6 grad waren die monate april bis august die mit abstand wärmsten in deutschland. Zudem gab es in dieser zeit ein regendefizit von etwa 40%.

C auf die ursachen für den jahrhundertsommer 2018 geht der deutsche wetterdienst jedoch nicht ein, schließlich sei es im wesentlichen nicht die aufgabe von meteorologen, auskünfte über den klimawandel zu erteilen. stattdessen will der dwd künftig bauern frühzeitig vor dürren warnen, also wenn der boden so trocken ist, dass es für die pflanzen kritisch wird. dabei geht es nicht um die voraussage von niederschlägen, sondern um die berechnung der bodenfeuchte. eins ist jedenfalls klar: in deutschland muss man in zukunft häufiger mit dürren rechnen.

1 **a)** Prüfe in Abschnitt A, ob du die Wörter in Großbuchstaben klein- oder großschreiben musst. Nutze dafür die Regelübersicht auf Seite 303 im Schülerbuch. Markiere dann die Wörter, die großgeschrieben werden müssen.

➔ Du musst 23 Wörter großschreiben. Beachte: die Abkürzung DLRG besteht nur aus Großbuchstaben.

b) In Abschnitt B sind nur die Satzanfänge und Abkürzungen großgeschrieben. Untersuche, welche Wörter noch großgeschrieben werden müssen. Markiere auch sie.

c) In Abschnitt C sind alle Wörter kleingeschrieben. Unterstreiche zunächst alle Satzanfänge. Ermittle dann alle Nomen und markiere sie.

➔ Kreise alle Signalwörter ein. Wenn du keins findest, führe die Artikelprobe durch.

2 Übertrage den Text in der richtigen Rechtschreibung in dein Heft.

Getrennt- und Zusammenschreibung üben

Pleasant Revolution Tour

Dass Rockbands eine Tournee machen, ist ja nichts Besonderes. Die Gruppe Ginger Ninjas aber kommt auf ihrer Reise von Nordkalifornien nach Mexiko ohne ein (1) (Motor/betriebenes) motorbetriebenes [→ Regel 2] **Fahrzeug aus.**

Das Geheimnis dieser Band liegt in ihren Fahrrädern, die Xtracycles, die die Mitglieder dieser Band selbst (2) (zusammen/bauen) ____________________ [→ Regel ____]. Durch Verlängerung des Fahrrades und durch zusätzliche Teile verwandeln sie ihre Fahrräder in (3) (Emission/freie) ____________________ [→ Regel ____] „Trucks“, mit denen sie ihr Gepäck wie Instrumente, Verstärker, Schlafsäcke, Zelte, Verpflegung usw. transportieren. Sogar von der Gruppe (4) (neu/entwickelte) ____________________ [→ Regel ____] Stromgeneratoren führen sie mit sich: Vor der Bühne sitzen während der (5) (Zahl/reichen) ____________________ [→ Regel ____] Aufführungen vier Leute auf Rädern und produzieren durch Pedalkraft den Strom für die Musiker!

Doch warum das alles? Hinter dieser Idee der (6) (Rad/fahrenden) ____________________ [→ Regel ____] Band steckt weitaus mehr als eine Vermarktungsstrategie. Die Mitglieder der Band gehören der *Pleasant Revolution*, zu deutsch *Angenehme Revolution*, an, einer Meinungsplattform, die Denken, Handeln und Leben (7) (miteinander/verbinden) ____________________ [→ Regel ____] will. Im Zuge der Industrialisierung haben die Menschen immer mehr konsumiert und die Schäden, die sie der Natur (8) (Jahrzehnte/lang) ____________________ [→ Regel ____] (9) (zu/gefügt) ____________________ [→ Regel ____] haben, erst viel zu spät bemerkt.

Heute redet jeder über die (10) (zu/nehmende) ________________ [→ Regel ___] Erderwärmung durch zu hohe CO_2-Ausstöße und darüber, dass sich etwas ändern müsse. Was genau sich ändern muss, das wagt kaum jemand (11) (aus/zu/sprechen) ______________________ [→ Regel ___], obwohl jeder Einzelne helfen könnte; weniger konsumieren, weniger Abgase produzieren, also öfter das Auto (12) (stehen/lassen) ____________________________________ [→ Regel ___], weniger (13) (weg/werfen) ______________________ [→ Regel ___], Dinge nur dann kaufen, wenn man sie auch tatsächlich benötigt. Es gibt unzählige kleine Beispiele dafür, wie jeder von uns gerade im Alltag (14) (Umwelt/bewusster) ______________________ [→ Regel ___] leben und seinen CO_2-Fußabdruck verkleinern kann, auch wenn es manchmal (15) (schwer/fällt) ______________________ [→ Regel ___]. Die Ginger Ninjas führt ihre Tour von San Juan in Kalifornien bis in den (16) (Traditionen/reichen) ______________________ [→ Regel ___] Süden Mexikos. Vorbei an der Einöde der amerikanischen Vorstädte mit den (17) (Zahl/reichen) ______________________ [→ Regel ___] Highways und an den (18) (Smog/getränkten) ______________________ [→ Regel ___] Großstädten Kaliforniens fahren sie durch die (19) (Wunder/schöne) ______________________ [→ Regel ___] Halbinsel Baja im Norden Mexikos mit ihren (20) (fein/sandigen) ______________________ [→ Regel ___] Stränden und erreichen schließlich nach der (21) (Welt/bekannten) ______________________ [→ Regel ___] Metropole Mexico City den (22) (sonnen/reichen) ______________________ [→ Regel ___] Süden Mexikos, um dort ihre Tour zu beenden. Das ergibt eine Strecke von insgesamt 5.000 Meilen!

Und noch einmal: Die Band fährt ohne jegliches Begleitfahrzeug. Unterwegs spielt die Band nicht nur in (23) (gut/besuchten) ______________________ [→ Regel ___] Konzerten, sie macht auch Aufnahmen mit lokalen Musikern und setzt sich für (24) (Umwelt/verträgliche) ______________________ [→ Regel ___] Transportmöglichkeiten ein. Bei dieser Reise müssen also alle Mitglieder der Band (25) (zusammen/halten) ______________________ [→ Regel ___], denn die Gruppe will natürlich keinen der vorher (26) (fest/gelegten) ______________________ [→ Regel ___] Termine (27) (platzen/lassen) ______________________ [→ Regel ___].

1 **a)** Untersuche, welche Wörter zusammengeschrieben werden müssen. Nutze dazu die Regelübersicht im Schülerbuch auf Seite 306.

→ Folgende Regeln aus der Regelübersicht auf Seite 306 im Schülerbuch musst du ab der zweiten Lücke anwenden: zweimal Regel 2, zehnmal Regel 3, zweimal Regel 4, viermal Regel 5, dreimal Regel 6, viermal Regel 7 und einmal Regel 8.

b) Notiere die richtige Lösung und die Nummer der passenden Regel.

Fremdwörter richtig schreiben

Plastikbecher zum Mitnehmen – macht 50 Cent mehr!

Sie sind so (1) *bequem/bekwem* und haben doch so (2) *vatale/fatale* Auswirkungen: 320.000 Einwegbecher kommen in Deutschland zum Einsatz und werden dann weggeschmissen – pro Stunde! Sie gehören aber anscheinend zum gängigen Bild des modernen (3) *mobielen/mobilen* Menschen, der stets von einem (4) *Mieting/Meeting* zum anderen eilt und sich zwischendurch neben (5) *Smaltalk/Small-Talk* noch eine Stärkung in Form eines „Coffee-to-go“ gönnt: das (6) *Smartphone/Smartfon* dabei in der einen, den Pappbecher in der anderen Hand.
Durch diesen (7) *Trend/Trent* hat sich nach Schätzungen der deutschen Verbraucherzentralen seit der Jahrtausendwende die Menge der Getränkebecher verdreifacht! 106.000 Tonnen Abfall fielen in Deutschland für To-go-Verpackungen (8) *inklusife/inklusive* Deckel und Strohhalm an. (9) *Recherschen/Recherchen* ergaben, dass damit der Einwegbecher die Plastiktüte als Abfallverursacher Nummer eins überholt hat. Von (10) *Resaikling/Recycling* oder erneutem Gebrauch ist oft keine Rede, meist landen die Becher trotz guter (11) *Qualitet/Qualität* direkt nach dem Verzehr im Mülleimer.
In Tübingen kommt nun erstmals (12) *konsäquent/konsequent* Bewegung in den Kampf gegen die Müllberge. Die Stadt überlegt, eine verpflichtende Abgabe von 50 Cent für Einwegbecher einzuführen. „Einwegverpackungen sind (13) *Egoismuss/Egoismus* pur“, findet Prof. Dr. Michels, Umweltbeauftragter der Stadt. „Es ist ein (14) *Skandall/Skandal*, dass im Jahr 2020 noch immer Tonnen an vermeidbarem Müll produziert werden.“ Dass die Müllberge (15) *negative/negatieve* Folgen für die Umwelt haben und die Entsorgung aufwändig und (16) *kompliezier t/kompliziert* ist, wissen inzwischen schon (17) *Tenager/Teenager*. Hinzu kommt, dass man nicht nur sein (18) *privates/prifates* (19) *Portmone/Portemonnaie* schonen kann, sondern gleichzeitig der Natur etwas Gutes tut, indem man ihr wieder eine (20) *Chance/Chanze* gibt und zu ihrem Erhalt bewusst beiträgt.
„Eine gute (21) *Iniziative/Initiative*“ beurteilen Umweltschutzorganisationen den Vorschlag des Gemeinderats und regen an, auch weitere Verpackungen für (22) *Fastfod/Fast Food* mit einer Verpackungssteuer zu belegen. (23) *Paralell/Parallel* dazu wollen sie ein (24) *System/Süstem* für den Umgang mit Mehrwegverpackungen entwickeln, mit dem Kunden ihre eigenen Becher und Boxen wieder auffüllen können. „Unmöglich“ finden hingegen einige Besitzer von (25) *Imbissbuden/Imbisbuden* den Vorschlag. Sie gehen davon aus, dass sich die Waren durch ein derartiges System verteuern würden, da die knapp (26) *kalkulierten/kallkulierten* Preise (27) *direckt/direkt* an die (28) *Konsummenten/Konsumenten* weitergegeben werden müssten. So viel (29) *Tolleranz/Toleranz* und (30) *Flexibilität/Fleksibilität* könne man von Kunden nicht verlangen.
Demnächst wird der Gemeinderat eine öffentliche (31) *Disskussion/Diskussion* über dieses Thema führen. Das Ergebnis ist offen, es bleibt spannend.

1 Wie findest du die Idee der Stadt Tübingen? Schreibe eine kurze Stellungnahme in dein Heft, ob du sie befürwortest oder ablehnst. Begründe deine Meinung.

2 **a)** Prüfe die Schreibung der Fremdwörter 1–31 mithilfe eines Wörterbuchs. Beachte auch den TIPP auf Seite 309 im Schülerbuch. Streiche die falsch geschriebenen Fremdwörter durch.
b) Lege dir für alle 31 Wörter Lernkärtchen an. Notiere das Wort jeweils mit seiner Bedeutung. Ergänze bei Nomen den Artikel. Arbeite dazu mit einem Wörterbuch.

Regeln der Kommasetzung anwenden

A: In den Ferien im Ausland jobben

Fremdsprachenkenntnisse und Auslandserfahrung spielen in der zukünftigen berufli-
chen Entwicklung eine immer größere Rolle da die Globalisierung weiter voranschrei- Z1
tet. Zudem gewinnt man durch einen Ferienjob im Ausland intensive Eindrücke und
Erfahrungen im Gastland die man als Tourist nie sammeln könnte. Dazu kommt noch Z2, Z3
dass man mit einem Ferienjob persönliche Kontakte und Verbindungen knüpfen kann Z4
die einem im späteren Leben noch sehr nützlich sein können denn eine Grundlage für Z5
persönlichen Erfolg ist ein gutes soziales Netzwerk an Kontakten.

Wer kann sich für einen Ferienjob im Ausland bewerben?

Im Prinzip kann sich jeder Schüler der die grundlegenden gesetzlichen Bestimmungen Z6
beachtet für einen Ferienjob bewerben. So ist Jugendlichen unter 15 Jahren das Arbei- Z7
ten grundsätzlich nicht erlaubt. Schüler zwischen 15 und 18 Jahren dürfen max. 4
Wochen im Jahr arbeiten wenn sie nicht mehr als 8 Stunden täglich und 40 Stunden Z8
pro Woche tätig sind.

B: Welche Ferienjobs gibt es und wie bekommt man so eine Stelle?

Es gibt verschiedene Möglichkeiten um an einen Ferienjob im Ausland zu gelangen. Anlaufstelle Nummer eins sollte die örtliche Agentur für Arbeit sein weil sie seriöse Angebote für befristete Stellen im Ausland bereithält. Weiterhin gibt es noch klassische Angebote die sich auch heute noch großer Beliebtheit erfreuen. Dazu gehören u. a. Einsätze als Sommer-Au-pair als Animateur im Tourismus Farmarbeit Ernteeinsatz Jobben in der Hotel- und Gastronomiebranche oder Jugendcamps. Eine gute Informationsquelle dazu ist die Website http://www.rausvonzuhaus.de/ die nicht nur die gesetzlichen Bestimmungen und Länderinfos darstellt sondern auch viele unterschiedliche Möglichkeiten für einen Auslandsaufenthalt anbietet.

Wie bereitet man sich auf einen Ferienjob im Ausland vor?

Damit der Job auch wirklich erfolgreich wird bedarf es einer sorgfältigen Vorbereitung. Das A und O für den Erfolg der Arbeit sind die Sprachkenntnisse denn wenn man in einem Land seiner Wahl arbeiten möchte selbst wenn diese Arbeit auf wenige Wochen befristet ist muss man sich in der Landessprache ausdrücken können. Das gilt auch für Jobs in denen man mit Landsleuten zu tun hat (z.B. Animateure). Für solche Tätigkeiten gilt dass die Arbeitsverträge in der Landessprache abgefasst sind und die Vorgesetzten meist Einheimische sind. Man sollte sich ausführlich mit den gesetzlichen Bestimmungen des Einsatzlandes beschäftigen besonders mit den Unterschieden im Vergleich zu Deutschland. Auch Informationen über Kultur und soziales Leben des Landes sind sehr nützlich. Eigentlich selbstverständlich sollte sein dass man sich über den zukünftigen Arbeitgeber ausführlich informiert um festzustellen mit wem man es zu tun bekommt. Oft kann man im Internet auch Erfahrungsberichte anderer Leute finden die dort bereits gearbeitet haben.*

* Text geändert

1 **a)** Erläutere in deinem Heft, ob du nach der Schulzeit einen Job im Ausland annehmen würdest. Gehe auch darauf ein, welche Vor- oder Nachteile dies für dich hätte.
b) Ergänze die fehlenden Kommas in Abschnitt A. Du findest am Rand Hinweise darauf, in welcher Zeile wie viele Kommas fehlen. Nutze dazu die Übersicht mit den Kommaregeln auf Seite 312 im Schülerbuch.

➜ Diese Kommaregeln helfen dir weiter: einmal Regel 2, zweimal Regel 3 und zweimal Regel 4.

c) Ergänze in Abschnitt B die fehlenden Kommas selbstständig.

Kommasetzung in komplexen Satzgefügen

Radio – voll out?

[In einer Medienlandschaft], [die sich durch ständige Neuerung besonders im Bereich der tragbaren Telefone auszeichnet], [gilt das Radio bei vielen als verstaubt]. Umso erstaunlicher ist es dass im Jahr 2015 der Preis für deutschsprachige Radiowerbung die aus Deutschland, Österreich und der Schweiz stammen kann eingeführt wurde.
Mit dem Preis werden solche Werbespots ausgezeichnet deren Kreativität die Zuhörer überzeugt. Erfolgreich ist Radiowerbung dann wenn sie beim Hörer konkrete Handlungen die sich nicht allein auf das Kaufen beschränken auslöst. Obwohl die meisten Spots Produkte bewerben so gibt es durchaus auch andere Ausrichtungen. Spendenaufrufe werden genauso gesendet wie politische Werbung sodass die Hörer durch die Radiowerbung so manche Information erhalten die für ihren Alltag wichtig ist. Für die Wirksamkeit eines Spots ist u. a. die emotionale Betroffenheit von Bedeutung da die meisten Menschen ihre Entscheidungen aus dem Bauch heraus treffen.
Eine sehr überzeugende Kampagne ist die Radiowerbung „Radio. Geht ins Ohr. Bleibt im Kopf." die im Januar 2007 startete. Seit dem ist der Bekanntheitsgrad der Spots ständig gestiegen weil sie viel Sprachwitz enthalten und die unterschiedlichsten Interessengruppen ansprechen. Deshalb ist es auch nicht verwunderlich dass mittlerweile eine CD mit den „Best of" dieser Spots auf dem Markt ist. Besonders hervorzuheben ist bei diesen Radiospots die jeweils in einem bestimmten Dialekt gesprochen werden dass hierdurch die jeweilige Region gestärkt wird weil nicht nur die Mundart sondern auch der Handel lebendig präsentiert wird.
Letztlich ist das Radio auch in heutiger Zeit in der die meisten sich auf ihr Smartphone verlassen noch aktuell sodass sich das Anschalten nicht nur wegen der Werbung lohnt.

1 Ermittle in dem Text die Sinneinheiten und füge die fehlenden Kommas ein. Gehe dazu vor, wie im **TIPP** auf Seite 48 im Schülerbuch beschrieben:
a) Markiere die Konjunktionen und die Relativpronomen der Nebensätze farbig.
b) Unterstreiche die Prädikate.
c) Trenne die Sinneinheiten durch eckige Klammern voneinander ab.
d) Ergänze nun die fehlenden Kommas, um Nebensatz und Hauptsatz, aber auch Nebensatz und Nebensatz voneinander zu trennen.

→ Du musst noch insgesamt 21 Kommas einsetzen.

Radiowerbung ist sehr interessant. Sie beinhaltet häufig kreative Ideen. Die Hörer merken sich die Informationen besser. Der Preis für deutschsprachige Radiowerbung trägt zu deren Beliebtheit bei.

2 Formuliere aus den oben stehenden Hauptsätzen ein Satzgefüge. Du kannst die Reihenfolge ändern.

___

___

___

Klartext 10

Arbeitsheft Baden-Württemberg
Differenzierende Ausgabe

Lösungen
ISBN 978-3-14-123873-0

Seite 5: Einen Romanauszug verstehen und das Textverständnis nachweisen

2 **A** Rhiannon macht Justin nicht auf sich aufmerksam, weil er es nicht mag, wenn sie nach ihm ruft. Seiner Meinung nach machen das nur Mädchen, die es nötig haben. Ein weiterer Grund könnte sein, dass Rhiannon und Justin sich am Tag zuvor gestritten haben und sie nicht weiß, wie er auf sie reagieren wird.
B verunsichert, vorsichtig, ängstlich, verschüchtert, zweifelnd, verdattert, erstaunt, überrascht, perplex, hoffnungsvoll ...
C Rhiannon schwänzt Englisch und A/Justin Biologie. (Z. 98–99)
D So verhält sich A als Justin: Er schaut Rhiannon aufmerksam an, als sie ihn anspricht. / Er macht keine negativen Äußerungen, sondern nur positive. / Er möchte mit Rhiannon etwas Schönes unternehmen. / Er wirkt entspannt bzw. vergnügt. / Er möchte, dass Rhiannon sich im Autoradio Musik aussucht, die ihr gefällt. Er singt den Song sogar mit. / Er möchte, dass Rhiannon sich wohlfühlt. / Er interessiert sich für das, was Rhiannon denkt. Er möchte wissen, was sie für die Zukunft plant. / Er möchte wissen, wie es ihren Eltern geht. / Er macht keine Pläne für die Zukunft. / Er geht ehrlich mit Rhiannon um und macht keine Spielchen mit ihr. / Er zeigt Rhiannon seine Gefühle.
So verhält sich Justin sonst: Er bricht wegen nichtiger Dinge einen Streit vom Zaun. / Er ist sehr launisch und reagiert meist gereizt. / Er will mit Rhiannon nichts zusammen planen. / Er hat immer etwas an Rhiannons Verhalten auszusetzen. / Er würde Rhiannon aus einer Laune heraus bei einem Ausflug alleine zurücklassen. / Er lässt nicht zu, dass Rhiannon sein Autoradio bedient. / Er interessiert sich nie für ihre Eltern. / Er macht keine Pläne für die Zukunft.
E Sie sind schon mehr als ein Jahr zusammen. (Z. 95)
F Sie toben am Strand verliebt miteinander herum, laufen ins Wasser und bespritzen sich, bis sie nass sind. Sie suchen nach Muscheln, Meerglas und Schneckenhäusern. Zum Schluss bauen sie gemeinsam eine Sandburg.
G Er ist nicht so verschlossen wie sonst und lebt seine Gefühle offen aus. Rhiannon kann ihm ansehen, dass er entspannt ist und wie sie Spaß hat.
H Rhiannon ist überwältigt vom Glück. Endlich zeigt sich ihr der Justin, den sie sich immer gewünscht hat und den sie liebt. Sie fühlt sich endlich von Justin geliebt.
I ⊖ Rhiannon verhält sich immer abwartend, weil sie Angst hat, in Justins Augen etwas falsch zu machen und von ihm abgewiesen zu werden. Sie ist einen respekt- und liebevollen Umgang von Justin nicht gewohnt und ordnet sich in allem unter, nur um ihm nicht negativ aufzufallen.

4 *Lösungsbeispiel:* Seltsam, sie hat auf einmal Tränen in den Augen. Tatsächlich: Sie weint. Dabei war es doch so ein toller Nachmittag. Sie war doch so glücklich. Tränen sind hier völlig unpassend. Aber mir sollte das völlig egal sein. Ich habe mir fest vorgenommen, keine Gefühle entstehen zu lassen. Sonst wird der Abschied so schwer. Vielleicht weint sie ja vor Glück. Einen solch erfüllten Nachmittag hat sie wahrscheinlich noch nie mit Justin erlebt. Sie meint vielleicht, er habe sie neu entdeckt. Dabei habe ich sie kennengelernt. Ich merke, der Abschied könnte mir schwerer fallen als ihr, denn ich werde sie nicht wiedersehen. Dagegen wird sie Justin morgen aufs Neue begegnen und sich wundern, dass der entspannte Justin eine Eintagsfliege war.

Seite 10: Einen Dialog schreiben

3 **A** Die beiden leben aneinander vorbei. Ihr Verhältnis ist nicht gefühlvoll oder herzlich. Rhiannon beobachtet ihre Mutter sehr distanziert.
B Rhiannon war in der Beziehung häufig unglücklich. Sie glaubt, dass der Nachmittag am Strand der Neubeginn ihrer Beziehung ist, dass nun alles besser wird.
C Rhiannon hat nur positive Erinnerungen an den gestrigen Nachmittag und möchte, dass es nun genauso wird wie bei ihrem Ausflug. Sie wird jedoch erneut verletzt, weil sich Justin an diesem Morgen so wie immer verhält, nämlich extrem abweisend. Sie will seine Hand fassen, aber er reagiert überhaupt nicht darauf.
D Sie glaubt, dass Justin selbst nicht weiß, was er will und wohin er gehört, sodass er immer wieder Fehlentscheidungen trifft.
E Mit einer Zeitmaschine könnte man sich in eine andere Zeit begeben. Rhiannons Zeitmaschine bringt sie an den Tag davor, den sie zusammen mit Justin am Strand erlebt hat. Der Tag war so schön, dass die Erinnerung daran alle negativen Dinge weniger schlimm erscheinen lässt. Rhiannon versetzt sich also gedanklich in die Vergangenheit, um die Gegenwart besser ertragen zu können.

4 **e)** *Lösungsbeispiel:*
Nachdem Rhiannon einen wundervollen Tag mit Justin am Strand verbracht hat, ist er in der Schule wieder wie zuvor: unnahbar, zurückhaltend und zurückweisend. Rhiannon entschließt sich zögerlich, mit ihrer Mutter über das Problem zu sprechen, obwohl sie sonst in verschiedenen Welten leben.
R: Mum, ich bin total verwirrt und fühle mich echt mies.
M: Was ist denn los?
R: Naja, du weißt doch, dass es zwischen Justin und mir nicht mehr so gut läuft. Und dann hat er sich gestern ganz plötzlich wieder für mich interessiert. Er war total aufmerksam und nett. So kamen wir auf die Idee, ans Meer zu fahren.
M: Ans Meer? Wann habt ihr das denn gemacht? Ihr hattet doch Schule.
R: Wir haben nach der Mittagspause die letzten beiden Stunden geschwänzt. Ich weiß, das ist nicht in Ordnung. Aber Justin war auf einmal so unglaublich nett. Es war, als würde er mich seit langer Zeit wieder mal richtig ansehen, sich irgendwie wieder in mich verlieben.
M: Das ist wirklich nicht in Ordnung.
R: Mhm, es wird nicht mehr vorkommen. Du weißt, dass du dich bei so etwas auf mich verlassen kannst.
M: Das hoffe ich. Früher oder später würden dein Vater und ich es sowieso erfahren.
R: Schon gut, ich habe es verstanden!
M: Also kommt das schlechte Gefühl nicht vom Schwänzen, oder?
R: Nee, nachdem wir gestern die wundervollste Zeit miteinander hatten, hat Justin heute in der Schule wieder ganz dichtgemacht. Er war wieder wie früher. Fast schon gemein. Das war so verletzend. Und ich Idiotin stelle mich heute Morgen stundenlang vor den Spiegel, damit ich ihm gefalle. Ich weiß gar nicht, wovon ich mehr enttäuscht bin, von ihm oder von mir. Wie konnte ich nur denken, dass er sich einfach so ändern würde. Das war wirklich blöd von mir.
M: Oje, das klingt furchtbar. Und ich hatte mir heute Morgen schon einen Kopf gemacht, was mit dir los ist. Erst blockierst du ewig das Bad und dann ziehst du dich ein paar Mal um, bevor du endlich zum Frühstück herunterkommst. Was ich von Justin halte, weißt du ja. Das habe ich dir in den letzten Monaten ständig gesagt, seitdem du Justin das erste Mal mit nach Hause gebracht hast. Dieser Junge beachtet dich viel zu wenig, er tut dir nicht gut.
R: Inzwischen sehe ich ein, dass du es gut mit mir meinst. Aber was soll ich denn nun tun? Die ganze Situation überfordert mich total. Ich will nicht Schluss machen, ich will den Justin zurück, der mich am Strand so glücklich gemacht hat. Kannst du das verstehen?

M: Ganz ehrlich, es fällt mir schwer und ich denke nicht, dass du ihn jemals ändern kannst. Aber wenn er dir wirklich so wichtig ist.
R: Aber natürlich ist er das. Das weißt du doch. Ich würde mich doch sonst nicht so verbiegen, nur damit er mich wirklich wahrnimmt.
M: Vielleicht musst du über deinen Schatten springen und ihn zwingen, mit dir zu sprechen. Ganz in Ruhe, aber offen und ehrlich. Wenn du ihm auch wichtig bist, wird er versuchen, mehr für dich da zu sein. Aber wenn er keine Einsicht zeigt, dann solltest du ihn in den Wind schießen. Das solltest du dir selber wert sein.
R: Aber das fällt mir so schwer.
M: Meinst du, ich würde keinen Liebeskummer kennen? Dieses Gefühl vergisst man nicht.
R: Mmmhhh ... Du hast recht. Ich werde mit ihm sprechen.
M: Darf ich dich in den Arm nehmen, auch wenn du schon ein großes Mädchen bist?
R: Das hast du schon viel zu lange nicht mehr gemacht. Und dann fahre ich zu Justin und kläre das.

Seite 13: Einen Sachtext erschließen und seine Kernaussage ermitteln

1 a) Zwang, gut aussehen zu müssen, schlank sein, bestimmte Körpermaße einhalten.

6 a) D
b) Der Autor meint damit, dass die Gesellschaft, in der wir leben, von uns verlangt, einem bestimmten Schönheitsideal zu entsprechen. Da die meisten diesem vermeintlichen Ideal von Natur aus nicht entsprechen, sind sie gezwungen, ständig an ihrem Körper zu arbeiten, damit sie den geforderten Ansprüchen genügen.
c) Hersteller von Diätprodukten, Fitnessprogrammen, Sportgeräten, Schlankheitspillen, Schlankheitsgürteln, Autoren von Selbsthilfebüchern, plastische Chirurgen, Erfinder von Abnehm- und Fitness-Apps (Z. 11–13), Beauty-Industrie im Allgemeinen (Z. 68).
d) Die Werbung zeigt der Zuschauerin das gängige (nicht erreichbare) Schönheitsideal. Dadurch empfindet sie sich selbst nicht mehr als schön. Ihr wird eingeredet, dass sie erst durch den Kauf bestimmter Produkte attraktiv aussieht. Man nimmt ihr also zuerst das Selbstvertrauen und gibt es ihr erst gegen den Preis der Ware wieder.
e) Es gilt seit jeher immer das als attraktiv, was von den meisten Menschen nicht leicht einzuhalten ist. Beispiel: Bei Nahrungsmangel galt ein fülliger Körper als attraktiv, weil nur derjenige ihn hatte, der sich entsprechende Lebensmittel leisten konnte. Gibt es ein ausreichendes Nahrungsangebot, ist ein fülliger Körper nichts Besonderes mehr. Stattdessen ist der überschlanke, durchtrainierte Körper gefragt, weil man dafür z. B. hungern oder trainieren muss.
f) ⊖ Damit ist gemeint, dass man am Körper den gesellschaftlichen Status eines Menschen ablesen kann und wie er nach außen wirken möchte: Wenn er z. B. gebräunt ist, deutet das darauf hin, dass er genug Geld und Zeit für Urlaub hat. Wenn er einen schlanken und durchtrainierten Körper aufweist, hat er ausreichend Zeit und Geld, um ins Fitness-Studio zu gehen.
g) Das „Body positive Movement" möchte, dass jeder seinen Körper positiv wahrnimmt und gesund mit ihm umgeht, selbst wenn er vom gängigen Schönheitsideal abweicht.

7 Kernaussage: Gesellschaft und Schönheitsindustrie erzeugen das Bedürfnis nach dem perfekten Körper, der dem gängigen, kaum erreichbaren Schönheitsideal entspricht. Der Text zeigt, dass der Wunsch nach Selbstoptimierung nicht aus uns selbst kommt, sondern uns durch gesellschaftliche Werte und Normen, Wirtschaft, Werbung und Medien eingeimpft wird. Wenn es ihren Druck nicht gäbe, dann würden wir uns auch so akzeptieren, wie wir sind.

8 A

Seite 17: Eine dialektische Erörterung verfassen

2 *Lösungsbeispiel:* Nicht nur Erwachsene, sondern auch Jugendliche sind mit ihrem Aussehen oft unzufrieden. Vor allem Letztere sind ihrem Körper gegenüber besonders kritisch eingestellt und finden sich oft zu dick. So gaben laut einer Studie insgesamt 42,2 % der befragten Mädchen und 25,6 % der befragten Jungen zwischen 11 und 15 Jahren an, sich ein wenig oder viel zu dick zu fühlen (vgl. Säulendiagramm, M2). Aus diesem Grund wird der Trend „Body Positivity", der aus den USA zu uns gekommen ist, in den sozialen Medien so gefeiert. Dahinter steckt der Gedanke, dem eigenen Körper gegenüber positiv eingestellt zu sein und nicht die angeblichen Problemzonen zu sehen. Stattdessen akzeptiert man den Körper mit all seinen Makeln und findet ihn trotzdem oder gerade deswegen schön.
Doch ist dieser Trend tatsächlich das Allheilmittel gegen den allgegenwärtigen Schönheits- und Körperwahn? Führt er wirklich zu einem gesünderen Umgang mit dem eigenen Körper oder stecken auch Risiken dahinter, sich diesem Trend anzuschließen?
Zunächst erlebt jeder, der mit seinem Aussehen hadert, diesen Trend als Befreiung von den Idealen der Schönheitsindustrie, die mit Maßband, Waage und BMI-Vorgaben den Menschen in ein Schema zu pressen versucht. Man ist nicht mehr gezwungen, jede Kalorie zu zählen, blickt nicht mehr jeden Morgen kritisch auf die Waage und kontrolliert auch nicht mehr ängstlich den Taillenumfang. Vorbei ist die Zeit, jedem rein äußerlich gefallen zu wollen. Melanie Jeske bezeichnet es im Text M1 als Frieden schließen mit dem eigenen Körper (vgl. Z. 26–27).
Hinzu kommt, dass übergewichtige Menschen oft mit negativen und verletzenden Bemerkungen über ihr Aussehen konfrontiert werden. „Du bist wohl etwas zu klein für dein Gewicht" ist da sicher noch eine der harmlosen Bemerkungen. Jeder der sich dem Trend Body Positivity verschrieben hat, geht mit neuem Selbstbewusstsein durchs Leben, sodass solche Kommentare an ihm abprallen. Ist dieser Trend erst zur Selbstverständlichkeit geworden, haben Mobbing-Äußerungen keine Grundlagen mehr, folglich werden die Mobber verstummen.
Und schließlich wirkt sich Body Positivity auch günstig im finanziellen Bereich aus. Denn man braucht weniger kosmetische Produkte, um die vermeintlichen Problemzonen zu kaschieren oder ganz zu beseitigen. Dadurch hat man am Monatsende mehr Geld übrig. Das kann eine ganz hübsche Summe sein, wenn beispielsweise die teure Cellulite-Creme oder der Bauch-Weg-Gürtel wegfallen.
Auf den ersten Blick scheint Body Positivity also nur mit Vorteilen verbunden zu sein, doch mit dem Trend ergeben sich auch Risiken, die nicht zu unterschätzen sind.
Wer Body Positivity als Lebensmotto verinnerlicht hat, hat möglicherweise bald keine realistische Vorstellung davon, wie er oder sie aussehen möchte, und lässt sich gehen. D.h. er achtet nicht mehr auf entsprechende Körperpflege, ob beispielsweise die Haare gewaschen sind oder ob ein Deo aufgetragen wurde. Auch die Pflege der Kleidung kann einer solchen Einstellung zum Opfer fallen. Dann bleiben die Schuhe ungeputzt, die aufgerissene Naht wird nicht geflickt und die Kleidung wird nicht mehr so häufig gewechselt. Solche Menschen werden von anderen gemieden und geraten schnell ins Abseits.
Ganz wichtig erscheint mir zudem der gesundheitliche Aspekt. Ich halte Body Positivity für die Eintrittskarte zu krankhaftem Übergewicht, der Adipositas. Menschen, deren BMI über 25 beträgt, sind nicht nur dick, sondern auch gesundheitlich gefährdet. Ihre Gelenke müssen Kilos tragen, für die sie nicht geschaffen sind. Sie bekommen Herzprobleme und laufen Gefahr, an Diabetes zu erkranken. Der Text M3 gibt darüber genauer Auskunft: Jede vierte Frau in Deutschland leidet „an ernährungsbedingten Herz-Kreislauf-Störungen, 15 Prozent leiden an einer chronischen Stoffwechselerkrankung" (Z. 39–41).

Der letzte Aspekt zeigt die Konsequenz, die aus solchem Übergewicht resultieren kann. Wenn sich jemand mit zu viel Körpergewicht auf einen Job bewirbt, wird er aller Wahrscheinlichkeit nach einem schlankeren Konkurrenten die Stelle überlassen müssen, denn jeder Arbeitgeber überlegt sich zweimal, ob er das Risiko eingeht, einen möglicherweise häufig kranken Mitarbeiter einzustellen. Außerdem fürchtet der Arbeitgeber, dass – je nach Branche – ein Mitarbeiter mit Adipositas sich schlecht auf das Image der Firma auswirkt. Hier kommt das gängige Vorurteil zum Tragen, dicke Menschen seien nicht nur in ihren Bewegungen schwerfälliger und langsamer, sondern auch im Denken und Handeln.
Wenn man die Vorteile und Risiken gegeneinander abwägt, so erkennt man schnell, dass Body Positivity vor allem hinsichtlich des gesundheitlichen Aspekts ein gefährlicher und schädlicher Trend ist, da die Grenze zur Adipositas mit all ihren negativen Auswirkungen fließend ist. Diese negativen Auswirkungen lassen sich mit eindeutigen Zahlen belegen. Dagegen gibt es kein Zahlenmaterial, aus dem hervorgeht, wie viele adipöse Menschen tatsächlich gesund sind (vgl. M3, Z. 26–27). Vor allem für Jugendliche ist Body Positivity ein gefährlicher Trend, da aus dicken Jugendlichen kaum schlanke Erwachsene werden. Es ist vielmehr unbestritten, dass im Jugendalter die Grundlage für ein gesundes oder krankes Leben als Erwachsener gelegt wird.
Aus diesen Überlegungen heraus ergibt sich für mich die Forderung, dass die Medien und der Unterricht sich nicht nur mit magersüchtigen Models befassen sollten. Sie müssen sich auch mit adipösen Anhängern von Body Positivity beschäftigen und über die Gefahren aufklären. Auch wenn der Grundgedanke von Body Positivity sicherlich nicht verkehrt ist, sich und seinen Körper zu akzeptieren, sollte immer der Aspekt der Gesundheit im Vordergrund stehen. Das gibt natürlich niemandem das Recht, übergewichtige Menschen zu schikanieren. Aber es sollte auch nicht so getan werden, als wäre ein adipöser Körper etwas ganz Normales. Hier sind sicherlich Ärzte, Pädagogen und auch die Medien gefragt, Eltern und Kinder über gesunde Ernährung und ausreichende Bewegung aufzuklären, damit Letztere sich normal und gesund entwickeln können.

Seite 22: Aufgaben zum Textverständnis bearbeiten

1 a) richtige Antworten: A, C, D, E
b) richtige Antworten: A, B, C, E, F
c) richtige Antwort: B

2 Die Jugendlichen suchen ein Ziel, gegen das sie ihren Protest richten können. Mit „gemeinsames Feindbild" sind im Text Ausländer, Asylbewerber, Juden und Andersdenkende gemeint. Gegen diese Menschen richten Rechtsextreme ihre Hetzparolen, was sie als Gruppe wiederum eint.

3 Medien: Musik, Konzerte, Internet (Chaträume, virtuelle Foren, Online-Vertriebe, Homepages, soziale Netzwerke), PC-Spiele

4 richtige Antworten: A, B, D, E, G

5 Damit ist gemeint, dass früher fast ausschließlich Skinheads gewaltbereit waren. Diese konnte man gut an ihrer Glatze, den Springerstiefeln und der Bomberjacke erkennen. Mittlerweile sind auch andere jugendliche Subkulturen gewaltbereit, die unauffälligere Kleidung tragen. Innerhalb der Neonazi-Szene gibt es eine neue Strömung: die „Autonomen Nationalisten". Sie sind militant und oft angezogen wie linksextremistische Autonome.

6 richtige Antwort: B

7 A 5, B 4, C 9, D 8, E 2, F 7, G 1, H 6, I 3

8 anzukreuzen sind: C, D, E

9 B

10 Der Text dient besonders der Information und Aufklärung Jugendlicher, um sie über die Gefahren durch Rechtsextreme aufzuklären. Dass er sich besonders an Jugendliche richtet, merkt man an der Einleitung, in der die Bedürfnisse Jugendlicher angesprochen werden. Auch die Hinweise auf Musik und Internet richten sich vor allem an Jugendliche. Aber auch Erwachsene werden durch die Informationen angesprochen.

11 *mögliche Antworten:* B, C, D. Der Text wirkt sehr informativ, da er sachlich verfasst wurde und viele Informationen zur rechtsextremen Szene enthält. Dadurch ist er zugleich aufklärend. Die Informationen sind so ausgewählt, dass Hintergründe und Motive erläutert werden, sodass der Leser auch gewarnt wird.

12 *mögliche Begründung für eine Zustimmung:* Ich stimme der Meinung zu, da es gerade aufgrund der jüngsten Entwicklungen immer wichtiger wird, Jugendliche aufzuklären und zu warnen. Viele Jugendliche sind noch orientierungslos und suchen nach ihrer Identität. Sie haben oftmals noch keine eigene Position im Leben und lassen sich leicht lenken. Daher erscheint es mir wichtig, dass gerade in der Schule aufgeklärt wird, z. B. durch das Lesen von Lektüren zu diesem Thema oder im Geschichtsunterricht, damit über Hintergründe, Fallbeispiele und menschliche Schicksale informiert wird. Jugendliche müssen das Selbstbewusstsein entwickeln, sich zu distanzieren, und Mut zu haben, sich rechtsextremen Kräften entgegenzustellen.

13 richtige Antwort: C

14 richtige Antworten: A, D, E, F, G

15 Mit der Darstellung möchte der Zeichner darauf hinweisen, dass wir in einer globalisierten Welt leben, in der ein reger Austausch der Kulturen untereinander stattfindet. Ohne die Waren aus anderen Ländern wäre unser Alltag gar nicht mehr denkbar, was anhand der Kleidung und der Vorlieben des Mannes deutlich wird. Wir haben uns an die Globalisierung gewöhnt und empfinden diese zum großen Teil als Bereicherung. Vor diesem Hintergrund wirken die Parolen auf dem T-Shirt des Mannes lächerlich und engstirnig. Er scheint gar nicht zu bemerken, dass seine zur Schau getragene Fremdenfeindlichkeit vor diesem Hintergrund im Gegensatz zu seinen Gewohnheiten steht. Somit kritisiert der Zeichner die beschränkte Weltsicht dieses fremdenfeindlichen Mannes.

Seite 32: Auf ein Spiel, Herr Graf! – Einen Novellenauszug erschließen

2 a) richtige Antwort: C
b) Die neuen Gäste sind neugierig auf den eingetroffenen Grafen und wollen abschätzen, ob die Gerüchte über ihn auch der Wahrheit entsprechen. Dazu gehen sie um ihn herum, um an seiner Erscheinung und seinem Auftreten zu prüfen, ob er tatsächlich von edler Abstammung ist. Schließlich setzen sie sich uneingeladen zu ihm an den Tisch, um sich mit ihm bekannt zu machen und ihn mit ihren Geschäften zu beeindrucken.

3 Strapinski fühlt sich unwohl in dieser Situation und möglicherweise auch von den aufdringlichen Bürgern belästigt. Er weiß nicht, was er mit ihren Reden anfangen soll, und schweigt lieber.

4 richtige Antwort: C

5 Er will die Gelegenheit nutzen, um unbemerkt zu verschwinden und seine Wanderung fortzusetzen.

6 Wenzel kann sehr gut mit Pferden umgehen, was neben einfachen Pferdeknechten damals nur begüterte Menschen konnten, die sich ein Pferd leisten konnten. Auch verwendet er im Gespräch mit den Goldachern die Redensarten, die er von Gutsherren und Offizieren aus seiner Vergangenheit kannte. Dies bestätigt sie darin, dass er ein richtiger Landedelmann sei.

7 Er empfindet sie als einfältig und aufdringlich, weil sie sich ihm so aufdrängen, nur um sich bei jemandem einzuschmeicheln (Zeile 49).

8 Man erfährt, dass er als junger Mann bei einem Gutsherrn ausgeholfen hat und er vor seiner Tätigkeit als Schneider seinen Militärdienst bei den Husaren geleistet hat.

9 richtige Antwort: D

10 Melcher Böhni ist Buchhalter einer großen Spinnerei. Er ist wie die anderen Bürger wohlsituiert. Anders als diese beobachtet er aber genau. Er lässt sich nicht vom äußeren Schein blenden. Böhni freut sich aber auch über ungewöhnliche Ereignisse, die für Wirbel in Goldach sorgen.

11 Er bemerkt Wenzels zerstochene Finger, die darauf hinweisen, dass er kein reicher Müßiggänger sein kann. (Z. 90–91)

12 a) Melcher Böhni hat bemerkt, dass Wenzel nicht spielt, weil er kein Geld besitzt. Damit dieser vor den anderen nicht auffliegt, setzt er unauffällig für Wenzel Geld ein.
b) Wenzel besitzt jetzt so viel Geld, wie er noch nie im Leben besessen hat. Er ist nun nicht mehr mittellos und könnte seine Ausgaben bezahlen.

13 richtige Antworten: B, C, E

Seite 39: Aufgaben zum Textverständnis und Sprachgebrauch bearbeiten I

1 *Textverständnis*
1. Der Junge interessiert sich für ein Mädchen in der Disco, das an der Wand steht und lacht.
2. Er wartet darauf, dass etwas passiert – dass das Mädchen ihn anspricht. Doch leider spricht keiner der beiden den anderen an.
3. Der Junge möchte mit den „Aufgaben eines Mannes" nichts zu tun haben und drückt sich davor. Er möchte nicht in eine Rolle gedrängt werden.
4. Mit seiner Kindheitsfreundin Ulrike konnte er alles machen, was man mit Jungs machen kann. Es spielte keine Rolle, welches Geschlecht die beiden hatten.
5. In der Schule fühlte er sich von der Lehrerin benachteiligt, weil er ein Junge war. Er erhielt Strafen und Zurechtweisungen, obwohl er anständig war, weil die Lehrerin alle Jungen für ungezogene Rabauken hielt. In der Universität entdeckte er, dass es gut ankam, wenn man sich durchsetzen konnte. Dort wollte er der „typische Mann" sein, um selbstbewusst und durchsetzungsfähig zu wirken.
6. Er ist unzufrieden, weil er Angst davor hat, dass er typische Männerrollen übernehmen/verkörpern muss (Tragen von Taschen, Bezahlen, Reparieren), wenn er mit dem Mädchen eine Beziehung eingeht.
7. richtige Antworten: B, D, F, G
8. a) *mögliche Antworten:*
gleiches Spielzeug, z. B. Autos und Puppen für beide; gleiche Pflichten, z. B. spülen, aufräumen, ...
9. richtige Antworten: A, F
10. Daniel ist der Meinung, dass seine Eltern ihm ein Rollenbild von Mann und Frau vermittelt haben. In diesem Rollenbild waren beide Geschlechter gleichberechtigt. Leider hat er in der Schule gemerkt, dass seine Eltern ihm das nur „vorgegaukelt" (Z. 14) haben. In der Schule und Universität würden die Jungen und Mädchen in bestimmte Rollenklischees bzw. Schubladen gesteckt und müssten den Erwartungen gerecht werden (vgl. Lösung zu Aufgabe 5). Er findet es nicht gut, dass es in der Gesellschaft diese Rollenverteilungen gibt und wünscht sich, dass der Mensch gesehen wird und nicht das Geschlecht.
11. Der Text ist unterhaltend, da er oft lustig erzählt wird. Ein Beispiel ist die Eingangsszene in der Disco, als beide darauf warten, dass etwas passiert. Der Text ist auch kritisierend, wie sich zum Beispiel am engstirnigen Bild der Grundschullehrerin zeigt: „In ihrer Welt wuchsen jedem Jungen Teufelshörner, während über den Köpfen der Mädchen unsichtbare Heiligenscheine schwebten" (Z. 26–28).

Sprachgebrauch:
1. (1) Artikel / (2) Relativpronomen / (3) (4) Demonstrativpronomen / (5) Konjunktion
2. Sie lassen sich mithilfe der Ableitungsprobe auf ein Wort mit „a" zurückführen: Erbarmen, Scham, Tatsache.
3. Das erste Komma trennt zwei Hauptsätze voneinander. Das zweite Komma trennt einen Haupt- und einen Nebensatz. Die Kommas drei und vier werden gesetzt, weil es sich um eine Aufzählung handelt. Das letzte Komma trennt einen Neben- und einen Hauptsatz.
4. Das Bild von den Teufelshörnern (Erkennungszeichen des Teufels) soll das Böse übertrieben veranschaulichen. Auf die gleiche Weise wird das Gute durch den Heiligenschein veranschaulicht, den nur Engel haben, die für Unschuld und Reinheit stehen.
5. Wenn er schon wie die Jungen, die tatsächlich etwas verbrochen hatten, bestraft wurde, wollte er sich auch wie sie regelwidrig benehmen.
6. „fleißig" wird mit *ß* geschrieben, da davor ein Diphthong (= langer Vokal) steht. „passiert" wird hingegen mit ss geschrieben, da davor ein kurzer Vokal steht.
7. Die Verben sind Nominalisierungen. Das erkennt man an den jeweiligen Artikeln davor.

Seite 43: Aufgaben zum Textverständnis und Sprachgebrauch bearbeiten II

1 *Textverständnis*
1. weinen / Zauberspruch / Frauen / untypisch / gebildet / Politikstudenten
2. richtige Antworten: A, B
3. trifft nicht zu: B, D, E
4. Theresa sah keinen Unterschied zwischen Jungen und Mädchen, bis auf den biologischen. Und sie glaubte, dass die Ungleichbehandlung der Vergangenheit angehört. Aber dann musste sie feststellen, dass es immer noch Vorurteile den Frauen gegenüber gibt und diese nicht die gleichen Chancen im Beruf haben.
5. Es macht ihr Angst, dass die Emanzipation der Frauen immer noch nicht durchgesetzt wurde und sie noch immer nicht dieselben Möglichkeiten hat wie ein Mann.
6. Text von Daniel: A, B, C, E, F
Text von Theresa: B, C, D, E

Sprachgebrauch:
1. a) Akkusativobjekt
b) Meine Unterlagen hatte ich auf den letzten Drücker zusammengerafft, ...
2. Mit dem Vergleich wird veranschaulicht, dass mit den Tränen wie durch Magie das Gewünschte in Erfüllung geht.
3. Das erste Komma trennt zwei Hauptsätze voneinander. Das zweite Komma trennt den einleitenden Nebensatz vom Hauptsatz. Das dritte Komma trennt den Hauptsatz von einem darauf folgenden Nebensatz.
4. Bei „dass" handelt es sich um Konjunktionen, die nicht ersetzt werden können durch „welches" oder „jenes". „Das" ist ein Relativpronomen, das sich auf jenes (Gesetz) bezieht. Es kann durch „welches" ersetzt werden.
5. Es handelt sich jeweils um eine Präposition und ein Pronomen (in welchem), nicht um eine Konjunktion (indem), durch die ein modaler Zusammenhang aufgezeigt wird.
6. a) Partizipialgruppe

b) Wieso muss ich mich, wenn ich es realistisch sehe, als Frau noch immer zwischen Karriere und Kind entscheiden?

Seite 48: Eine Karikatur erschließen und beschreiben

1 b) ein Kind auf dem Arm hat und eine volle Einkaufstüte trägt; Ball; „gleiche Chancen im Beruf"; Sprechblase; Karikaturisten/Zeichners; „Frauen am Ball"

2 richtige Aussagen: A, D, F

3 Der Alltag der Frauen besteht oft aus unterschiedlichen Aufgaben (Kindererziehung, Haushalt, Erwerbsarbeit), die eine hohe Belastung darstellen. Im Vergleich zu den Männern haben sie deshalb nicht die gleichen Chancen im Beruf, obwohl das oftmals behauptet wird.

4 Die Karikatur passt zum zweiten Text, weil Theresa auch über die fehlende Chancengleichheit schreibt. Sie ist der Meinung, dass es für Frauen schwer ist, mit Kindern eine Karriere zu machen, wie im Bild gezeigt wird.

Seite 49: Einen Dramenauszug erschließen

3 a) Sie weiß, dass er sich gegenüber seiner Familie nur so verhalten hat, als wäre er verrückt und wütend. Schließlich kennt sie ihn schon zwei Jahre und weiß, dass er sich sonst anders verhält.
b) Er wollte ihnen den endgültigen Abschied leicht machen: Nachdem er sie so verschreckt hat, werden sie nicht darunter leiden, ihn nie mehr sehen zu können.
c) richtige Antwort: C
d) Möbius ist nicht verrückt (Z. 82–83) oder krank (Z. 93). Er handelt planmäßig (Z. 57) (indem er sich verstellt, Z. 26) und ist keineswegs verwirrt. Er weiß, was er tut. Er ist ein genialer Physiker, dem man sogar abnimmt, dass ihm der König Salomo erschienen ist. (Z. 90–92) Gleichzeitig ist er aber auch sehr einsam. (Z. 100–101)
e) Schwester Monika möchte für ihn da sein, damit er nicht mehr einsam ist. Außerdem hat sie Angst um sein Leben, weil die beiden anderen Physiker bereits Morde begangen haben. Zudem liebt sie ihn. Sie will mit ihm zusammenleben und Kinder von ihm haben. Sie ist bereit, alles für ihn zu tun.
f) Die Liebe zu ihm ist gefährlich (Z.120–121). / Das unglückliche Beispiel von Schwester Irene sollte eine Warnung für sie sein, dass eine Beziehung zwischen ihnen unmöglich ist (Z. 122–135). / In den Augen der Welt liebt sie einen Geisteskranken, dem der König Salomo erscheint. Sie lädt daher nur Unglück auf sich (Z. 145–152).
g) ⮌ Wenn er den Mut hätte, mit ihr zusammenzuleben, würde er zum Verbrecher werden. Er würde dadurch wieder in der normalen Welt leben und alle würden an ihn und seine Erkenntnisse herankommen, die die Welt zerstören könnten.
h) Sie hat mit der Anstaltsleiterin gesprochen und dafür gesorgt, dass Möbius entlassen wird und sie heiraten können. Sie hat sich eine Stelle als Gemeindeschwester besorgt, damit sie ein Einkommen haben. Sie hat Geld für einen Neuanfang gespart. Sie hat Kontakt mit dem ehemaligen Lehrer von Möbius aufgenommen, damit seine Karriere als Wissenschaftler wieder aufleben kann.
i) erschrocken, ungläubig, verhalten
j) Er sieht keine andere Möglichkeit mehr, die Welt vor seinen Erkenntnissen zu schützen. Wenn sie erkannt hat, dass er nicht verrückt ist, und nicht bereit ist, ihn zu verlassen, ist der Mord der einzige Weg, um die Veröffentlichung seiner Erkenntnisse zu verhindern.

4 Name: Monika Stettler / Alter (geschätzt): Ende 20 / Anfang 30 / Beruf: Krankenschwester im Sanatorium; bislang den Physikern zugeteilt; soll ins Haupthaus versetzt werden / Familie: keine; ledig / Aussehen: jung, hübsch / besondere Merkmale: liebt Möbius, glaubt an sein Genie / Charakter: offen, bestimmt, durchsetzungsstark, anhänglich, unterordnend, aufopferungsvoll / ihre Ziele: Möbius heiraten, mit ihm außerhalb des Sanatoriums leben und eine Familie gründen, Möbius als Wissenschaftler wieder rehabilitieren / Verbündete: (vermeintlich) Fräulein Dr. von Zahnd / Entwicklung im Laufe der Handlung: Zwei Jahre lang unauffällige Krankenschwester im Sanatorium; pflegt Möbius, verliebt sich in ihn und will mit ihm ein normales Leben führen; hat bemerkt, dass er nicht wirklich verrückt ist; plante unauffällig ein neues Leben mit ihm; offenbart erst vor ihrer Versetzung ihre Pläne.

Seite 56: Einen erzählenden Text erschließen und das Thema formulieren

3 b) *auskommen* = mit jmdm. zurechtkommen, sich verstehen / *Indessen* = aber, allerdings / *wunderlich* = seltsam, komisch, kauzig / *kennete* = kennen würde / *inwendig und auswendig* = durch und durch / *ein Bedienter* = ein Diener / *entgelten* = büßen / *verdrießlich* = schlecht gelaunt / *besonnen* = von besinnen: nachdenken, überlegen / *nimmer* = nie wieder, nicht mehr / *der Aufwärter* = der Diener
c) Allerdings sollte man bedenken, dass diese Menschen es nicht böse meinen. Sie sind nur etwas seltsam. Wenn man sie jedoch richtig kennen würde, durch und durch, und wüsste, wie man mit ihnen richtig umzugehen hätte, also nicht zu streng, aber auch nicht zu nachsichtig, so könnte man manche bestimmt zu einem Umdenken bewegen.

4 a) + b) 1: (Z. 1–6) Allgemeine Überlegungen zum Umgang mit launischen Menschen / 2: (Z. 7–9) Einführung in die eigentliche Geschichte: Diener leidet unter launischem Dienstherrn / 3: (Z. 9–12) Dienstherr lässt erneut seine Launen am Diener aus / 4: (Z. 12–15) Reaktion des Dieners / 5: (Z. 15–20) Begründung des Dieners für sein Verhalten / 6: (Z. 21–23) Dienstherr erkennt seinen Fehler; Lehre

5 *Lösungsbeispiel:* Der erzählende Text zeigt am Beispiel eines Dieners und seines Dienstherrn, dass es nicht immer einfach ist, mit launischen Menschen umzugehen. Man kann sie aber zu einem Umdenken bewegen, wenn man ihnen den Spiegel vorhält und ihnen damit vor Augen führt, wie unangemessen sie sich ihren Mitmenschen gegenüber verhalten.

Seite 59: Den Inhalt eines erzählenden Textes genauer untersuchen

1 b) **Figuren: Dienstherr:** will seine Launen ausleben; wirft Schüssel aus dem Fenster; zunächst verdutzt und verärgert über das Verhalten des Dieners; akzeptiert die schlagfertige Begründung seines Dieners für dessen Verhalten; nimmt sich die Lehre zu Herzen; dankt dem Diener im Stillen dafür; **Diener:** schlau, gewitzt, mutig; hat schon länger unter den Launen seines Dienstherrn zu leiden; will dies aber nicht mehr hinnehmen; wirft das Geschirr mit allen übrigen Gängen des Mittagessens in den Hof, wie es der Dienstherr zuvor mit der Suppe getan hat; bleibt danach höflich und erklärt schlagfertig sein Verhalten / **Ort:** Esszimmer des Dienstherrn / **Stimmung:** gereizt, angespannt, zum Schluss heiter und entspannt / **Zeit:** Vergangenheit (Beginn des 19. Jhd.; Jahreszeit: Sommer); Zeitraum: ungefähr 3 Min. / **Gegenstände:** Geschirr mit Speisen für ein Mehrgänge-Menü.

Seite 60: Die Form eines erzählenden Textes untersuchen

1 c) Der Text ist recht kurz. Thematisiert wird ein alltägliches Problem (Umgang mit schwierigen Menschen, hier der Vorgesetzte, vgl. Z. 1–6). Es wird von einer merkwürdigen und zugleich lustigen Begebenheit erzählt (ein Diener ahmt das launische Verhalten seines Dienstherrn nach, indem er das gesamte Mittagessen zum Fenster hinauswirft, vgl. Z. 13–15). Der Leser wird direkt angesprochen (vgl. Z. 1–6, 12–13). Es gibt eine Pointe (der Diener erklärt, dass er das Essen nur aus dem Fenster geworfen habe, weil er geglaubt habe, sein Dienstherr wolle bei dem schönen Wetter draußen essen, vgl.

Z. 16–20). Die Sprache ist einfach und erinnert an eine mündliche Erzählung. Sie enthält aber keinen Dialekt oder umgangssprachliche Ausdrücke.

2 a) Hebel schreibt in der Er-Form („Dem konnte er manchmal gar nichts recht machen und musste vieles entgelten, woran er unschuldig war [...]." Z. 7–8).
b) **Herr:** Z. 15–16, 21–24. **Diener:** Z. 17
c) Z. 12–13: Was tat hierauf ...? Z. 21: Diesmal die Suppe ...
d) Das Erzählverhalten ist auktorial, weil sowohl die Gedanken des Dieners als auch die des Herrn zu erkennen sind. Daneben gibt auch der Autor selbst Kommentare ab.

3 *Lösungsvorschlag:* Es geht um einen Konflikt zwischen einem Diener und seinem launischen Dienstherrn. Dieser mag die Suppe seines Dieners aus einer Laune heraus nicht und wirft sie daher aus dem Fenster.

4 *Lösungsvorschlag:* **Erzählschritt 1** (Z. 1–6): Einleitung/ Rahmenhandlung; eher sachliche Darstellung des Themas; wendet sich direkt an den Leser; kein Spannungsaufbau → Leser fühlt sich persönlich angesprochen; macht sich Gedanken, ob auch er solche Leute kennt und wie er mit diesem Problem umgehen würde. / **Erzählschritt 2** (Z. 7–9): Einführung in die eigentliche Handlung, kurze Vorstellung der Figuren und des Konflikts; leichter Spannungsaufbau durch die Ankündigung, dass einem Diener die Lösung des geschilderten Problems mit seinem Dienstherrn gelungen ist (Vorausdeutung). → Leser ist gespannt, wie der Diener das geschafft hat. / **Erzählschritt 3** (Z. 9–12): Handlung steigt deutlich und erreicht einen Höhepunkt mit dem Hinauswerfen der Suppe. Der Konflikt wird greifbar. → Leser versteht den Konflikt, in dem sich der Diener befindet, leidet mit ihm mit; er ist empört über den Dienstherrn und gleichzeitig gespannt, wie der Diener damit umgehen wird. / **Erzählschritt 4** (Z. 12–15): Die Reaktion des Dieners wird durch eine Leseransprache angekündigt. Spannung steigt dadurch. Es wird dargestellt, was der Diener alles zum Fenster hinauswirft. → Der Leser ist nach der Ankündigung gespannt und ungläubig angesichts seiner Reaktion. Die Aufzählung aller Speisen und Gegenstände, die er hinauswirft, wirkt komisch. / **Erzählschritt 5** (Z. 15–20): In Form der wörtlichen Rede werden die wütende Reaktion des Dienstherrn und die schlagfertige Begründung des Dieners dargestellt. Die Spannung steigt noch einmal und endet mit der Pointe. → Durch die Pointe tritt eine Entspannung beim Leser ein, denn sie nimmt dem Dienstherrn den Wind aus den Segeln. Der Leser ist erheitert über die originelle Antwort des Dieners. / **Erzählschritt 6** (Z. 21–23): Kommentar des Autors, der dem Leser zeigt, welche Folgen diese Episode für die Beziehung zwischen Dienstherr und Diener haben wird. Man erhält einen Einblick in die Gedanken des Dienstherrn: Dieser erkennt seinen Fehler und wird ihn nicht noch einmal machen. Er ist seinem Diener für die Lehre dankbar, auch wenn er es ihm nicht sagt. Die Geschichte wird zu einem klaren Ende gebracht, der Konflikt ist für beide Seiten zufriedenstellend gelöst. → Die Spannung löst sich auf, der Leser ist erleichtert über das gute Ende.

Seite 62: Die sprachliche Gestaltung untersuchen

1 a) erster Hauptsatz / Nebensatz mit zwei Einschüben / zweiter Hauptsatz
b) trifft zu: B, C; trifft nicht zu: A, D

2 a) Schwer, unmöglich, schlimm, wunderlich, eigensinnig, nachgiebig, unschuldig, verdrießlich, heiß, kalt, kurz besonnen, drohend, kalt, ruhig, heiter, blau, lieblich, fröhlich, schön, schnell, gut.
b) Sie veranschaulichen die Handlung.

3 a) + b) *Inversion:* „Dem konnte er manchmal gar nichts recht machen [...]" (Z. 7–8) → Hervorhebung des Dienstherrn; *Ellipse:* „aber genug, der Herr war verdrießlich." (Z. 10–11) → Hervorhebung; *Ausruf:* Diesmal die Suppe hinabgeworfen und nimmer! (Z. 21) → weckt Aufmerksamkeit, wirkt lebendig; *Aufzählung:* „Kurz besonnen warf er das Fleisch [...] auch in den Hof hinab, dann das Brot, dann den Wein und endlich das Tischtuch mit allem, was noch darauf war." (Z. 13–15) → wirkt verstärkend und ruft in diesem Zusammenhang Erheiterung hervor. *rhetorische Frage:* „Was tat hierauf der Diener?" (Z. 12–13) → Leser fühlt sich persönlich angesprochen; weckt Aufmerksamkeit. *wörtliche Rede:* „Verwegener, was soll das sein?", „Verzeihen Sie mir, [...]." (Z. 15–19) → wirkt lebendig.

Seite 63: Eine Deutung entwickeln und persönlich Stellung nehmen

1 a) Der Dienstherr ist mit der Suppe seines Dieners nicht zufrieden. Daher wirft er sie wütend aus dem Fenster.
b) Der Dienstherr ist oft launisch und lässt dies an seinem Diener aus, der unter diesem ungerechten Verhalten zu leiden hat.
c) Der Diener ahmt das Verhalten seines Dienstherrn nach und erteilt diesem dadurch eine Lehre. Der Dienstherr verhält sich daraufhin nie wieder so.
d) Hebel macht deutlich, dass man die Launen anderer Menschen nicht immer nur hinnehmen, sondern sich dagegen zur Wehr setzen sollte, auch wenn es sich dabei um den Vorgesetzten handelt. Am Beispiel des Dieners und seines Dienstherrn zeigt er, wie originell man jemanden kritisieren kann, den man eigentlich gar nicht kritisieren darf.

Seite 64: Der Trend zur Natur – Aufgaben zum Textverständnis bearbeiten

2 a) richtige Antworten: A, D
b) *Urban Gardening* entstand 2008 in New York im Stadtteil Brooklyn. Da es dort keine ebenerdigen freien Flächen für den Gartenbau gab, wich man auf die Dachterrassen aus. Die erste Anbaufläche auf dem Dach hatte eine Größe von 550 m^2.
c) Gedüngt wird mit dem Kaffeesatz aus den Cafés und Restaurants aus der Umgebung (Z. 17–19).
d) richtige Antworten: A, D
e) Für viele Menschen ist es ein Ausgleich zur Arbeit im Büro. Es bringt ihnen Entspannung vom stressigen Arbeitsalltag, in dem es sonst alles schnell gehen muss. Gleichzeitig kann man sich beim Gärtnern kreativ einbringen und man lernt Leute kennen. Viele haben einfach Spaß am Gärtnern und sie erfreuen sich an der grünen Umgebung in der ansonsten grauen Stadt. Vielen ist es wichtig, damit auch etwas für den Umweltschutz zu tun. Außerdem sehen sie darin eine Möglichkeit, ärmeren Menschen, die sonst kein Geld für gutes Gemüse haben, gesundes Essen zukommen zu lassen.
f) Dadurch dass das Gemüse vor Ort angebaut wird, entfallen die langen Transportwege. Dies spart CO_2. Außerdem werden dadurch die großen Monokulturen in der Landwirtschaft weniger, weil sie die Städte nicht mehr mit so viel Gemüse versorgen müssen. Die Luft in der Stadt wird durch Pflanzen besser, weil sie Sauerstoff produzieren. Außerdem trägt es zur Artenvielfalt bei, da sich die Insekten auch in der Stadt ernähren können.
g) Man benötigt nur eine Freifläche im eigenen Wohnblock oder eine Dachterrasse. Utensilien für den Anbau sind Blumentöpfe, Gewächshäuser und Hydrokulturen.

3 b) Die Grafik informiert über die Vorteile des urbanen Gartenbaus.
c) Die Grafik ergänzt den Text mit folgendem Angaben: Obst und Gemüse sind ertragreich. / Müll wird reduziert. / Das Anlegen und Pflegen von Gärten trägt zur Umweltbildung bei. / Urban Gardening spart Geld. / Menschen haben eine Aufgabe = weniger Kriminalität. / Der Wert der Immobilien steigt.
In folgenden Punkten unterstützt die Grafik den Text: Das Gemüse schmeckt gut und ist frei von Gentechnik (Z. 31, 38). / Pflanzen wandeln CO_2 in Sauerstoff um (= Verbesserung des Klimas) (Z. 43–45). / Pflege der Gärten ist einfach (Z. 35–38).

Urban Gardening dient der Erholung (Z. 21, 39). / Gärten sind Treffpunkt für die Nachbarschaft (Z. 23).

Seite 70: Wie gut kennst du dich in der Grammatik aus?

1 (1) Superlativ, (2) a. Personalpronomen, b. Dativ, (3) Akkusativ, (4) Perfekt, (5) Adverb, (6) Infinitivgruppe, (7) Präteritum, (8) Indefinitpronomen, (9) Akkusativ, (10) Satzreihe, (11) Partizipialgruppe, (12) Dativ, (13) a. Personalpronomen, b. Subjekt, (14) Verb im Passiv, (15) Genitivattribut, (16) Adverbiale Bestimmung des Ortes, (17) Demonstrativpronomen, (18) Genitiv, (19) Nebensatz mit Konjunktion, (20) Adverbiale Bestimmung der Zeit, (21) Infinitivgruppe, (22) Akkusativ, (23) Nebensatz mit Konjunktion, (24) Präpositionalattribut, (25) Relativpronomen; Lösung: Surfen an der Küste von Portugal

Seite 73: Nomen – den Kasus richtig verwenden

2 Ein Franzose (1), ein Wasser (2), zwei Reitende (3), die Brücke (4), der Mitte (5), keinem Franzosen (6), dem Weg (7), seinen Stumpfschweif (8), dem Weg (9), diesem Einfall (10), die beste Gelegenheit (11), der Tasche (12), dem Ross (13), der Brücke (14), den Toren (15), des Tages (16), den Franzosen (17), seinen Kopf (18), seines Gegners (19), dem Franzosen (20)

Seite 74: Satzverknüpfungswörter – Sätze verbinden

1 **a)** und **b)** (1) Da (kausal), (2) weil (kausal), (3) dass (konsekutiv), (4) wenn (konditional), (5) wie (modal), (6) wenn (konditional), (7) Obwohl (konzessiv), (8) aber, (9) wenn (konditional), (10) dass (konsekutiv), (11) aber, (12) sodass (konsekutiv), (13) wie (modal), (14) wenn (konditional), (15) weil (kausal)

Seite 75: Satzglieder ermitteln: Subjekt, Prädikat, Objekte und adverbiale Bestimmungen

1 **A** Wo? adverbiale Bestimmung des Ortes – Prädikat – Wie lange? adverbiale Bestimmung der Zeit – Wer? Subjekt
B Wer? Subjekt – Prädikat – Wen? Akkusativobjekt – Wie oft? adverbiale Bestimmung der Zeit – Für was? präpositionales Objekt
C Warum? adverbiale Bestimmung des Grundes – Prädikat – Wer? Subjekt – Wann? adverbiale Bestimmung der Zeit – Wen? Akkusativobjekt – Mit wem? präpositionales Objekt – Wo? adverbiale Bestimmung des Ortes
D Wer? Subjekt – Prädikat – Wen? Akkusativobjekt – Wer? Subjekt – Prädikat – Wie? adverbiale Bestimmung der Art und Weise
E Wer? Subjekt – Prädikat, erster Teil – Seit wann? adverbiale Bestimmung der Zeit – Prädikat, zweiter Teil – Warum? Adverbialsatz
F Wer? Subjekt – Prädikat – Bei wem? präpositionales Objekt – Wen? Akkusativobjekt – Wo? adverbiale Bestimmung des Ortes
G Warum? adverbiale Bestimmung des Grundes – Prädikat, erster Teil – Wer? Subjekt – Wessen? Genitivobjekt – Prädikat, zweiter Teil
H Wer? Subjekt – Prädikat – Wem? Dativobjekt – Wie? adverbiale Bestimmung der Art und Weise

Seite 76: Mit Attributen genaue Angaben machen

1 die in Hochglanz verpackt sind (c); süße (a); übervollen (a); ernsthafte (a); aus denen unsere Schokohasen und -nikoläuse hergestellt werden (c); des weltweit gehandelten Kakaos (b); westafrikanische (a); größte (a); der Welt (b); des begehrten Rohstoffs (b); mit Kinderarbeit (d); aus denen auch Schokohasen hergestellt werden (c); Westafrikas (b); Mitglied der Organisation FairChoc (e); die ihre Zukunft verbessern könnte (c); körperlichen (a); in denen die Kinder auf die Kakaobäume klettern oder gebückt über Waschbecken die Bohnen reinigen (c); bleibenden (a); der Kinderarbeiter (b); um diese Konsequenzen (d); der Kinderarbeit (b); Europas und Nordamerikas (b); der Kakaobohnen (b); unter 14 Jahren (d); ein notwendiges Übel (e); elendigem (a); mangelnde (a)

2 des Problems (b); der Kinderarbeit (b); in Europa (d); mehr (a); von Schokolade (d); lange (a); faire (a); in Afrika (d); die an der Schokoladenproduktion beteiligt sind (c)

Seite 77: Formal angemessen sprechen

1 **b)** *Lösungsvorschlag:*
Herr K.: Guten Tag, Herr Stahmer, schön, dass wir uns kennenlernen.
Felix: Guten Tag, Herr Kretschmer. Vielen Dank für die Einladung zum Vorstellungsgespräch.
Herr K.: Nehmen Sie doch bitte Platz.
Felix: Vielen Dank.
Herr K.: Haben Sie uns denn gleich gefunden?
Felix: Ja, das war kein Problem. Wir haben ein Navigationsgerät.
Herr K.: Ah, dann sind Sie mit dem Auto angereist.
Felix: Ich habe zwar selbst noch keinen Führerschein, aber ein Freund hat mich gefahren.
Herr K.: War es denn voll auf der Autobahn?
Felix: Ja, sehr. Beinahe hätten wir die Abfahrt-Süd verpasst.
Herr K.: Das wäre natürlich schlecht gewesen, denn über die Abfahrt-Nord ist es ein weiter Umweg zu uns. Darf ich Ihnen etwas zu trinken anbieten: Kaffee, Tee oder Saft?
Felix: Gerne. Ich würde einen Kaffee nehmen.
Herr K.: Ja, gerne. Möchten Sie Milch oder Zucker dazu?
Felix: Nein, danke. Ich trinke meinen Kaffee schwarz.
Herr K.: Na schön. – Sie haben sich bei uns für die Ausbildungsstelle zum Mechatroniker beworben. Haben Sie schon eine Vorstellung, womit Sie es da zu tun haben werden?
Felix: Ja, ein bisschen schon. Ich habe nämlich ein Praktikum in dem Bereich absolviert und außerdem habe ich mich im Vorfeld bei der Internetplattform Berufenet über den Beruf erkundigt.
Herr K.: Warum interessiert Sie gerade dieser Beruf?
Felix: Ich interessiere mich schon immer für Technik, Mechanik und alles, was mit Elektronik zu tun hat. Außerdem bastele ich gerne, z. B. an meinem Computer.

Seite 79: Nomen und Nominalisierungen erkennen

1 **a)–c)** **A:** ein Zeichen, einige Rekorde, vier, im Durchschnitt, der Zeitraum, (die) Hitzewellen, ein beträchtliches Mehr, (die) Trockenheit, das Muster, (das) Grad, kaum, (der) Regen, die Folgen, erkennen, zum Beispiel, einer ökologischen Katastrophe, (die) Tonnen, (der) Fisch, (der) Sauerstoffmangel, (die) Hitze, (der) Regenmangel, das Einsammeln, (das) Beseitigen, der toten Fische, der Stadt, der Feuerwehr
B: den Stauseen, (die) Bauwerke, langer Zeit, zum Beispiel, die Aselerbrücke, im Edersee, die Hevebrücke, im Möhnesee, der Wasserstand, des Möhnesees, eine gleichmäßige Wasserversorgung, des Ruhrgebiets, (das) Ende, das Spazierengehen, (die) Felder, (die) Wälder, (der) Funkenflug, (die) Flächenbrände, der Feuerwehr, im Dezember, der Begriff, (die) Heißzeit, zum Wort, des Jahres, das Staunen, (die) Grenzen, der Deutsche Wetterdienst, den Sommer, außergewöhnliches Ereignis, Deutschland, Europa, einer Abweichung, (das) Grad, die Monate, (der) April, (der) August, (der) Abstand, Deutschland, dieser Zeit, ein Regendefizit.
C: Auf die Ursachen für den Jahrhundertsommer 2018 geht der Deutsche Wetterdienst jedoch nicht ein, schließlich sei es im Wesentlichen nicht die Aufgabe von Meteorologen, Auskünfte über den Klimawandel zu erteilen. Stattdessen will der DWD künftig Bauern frühzeitig vor Dürren warnen, also wenn der Boden so trocken ist, dass es für die Pflanzen kritisch wird. Dabei geht es nicht um die Voraussage von Niederschlägen, sondern um die Berechnung der Bodenfeuchte. Eins ist jedenfalls klar: In Deutschland muss man in Zukunft häufiger mit Dürren rechnen.

Seite 80: Getrennt- und Zusammenschreibung üben

1 (1) motorbetriebenes = Regel 2, (2) zusammenbauen = Regel 7, (3) emissionsfreie = Regel 3, (4) neu entwickelte oder neuentwickelte = Regel 5, (5) zahlreichen = Regel 3, (6) Rad fahrenden oder radfahrenden = Regel 2, (7) miteinander verbinden = Regel 7, (8) jahrzehntelang = Regel 3, (9) zugefügt = Regel 6, (10) zunehmende = Regel 6, (11) auszusprechen = Regel 6, (12) stehen lassen = Regel 4, (13) wegwerfen = Regel 7, (14) umweltbewusster = Regel 3, (15) schwerfällt = Regel 5, (16) traditionsreichen = Regel 3, (17) zahlreichen = Regel 3, (18) smoggetränkten = Regel 2, (19) wunderschöne = Regel 3, (20) feinsandigen = Regel 8, (21) weltbekannten = Regel 3, (22) sonnenreichen = Regel 3, (23) gut besuchten oder gutbesuchten = Regel 5, (24) umweltverträgliche = Regel 3, (25) zusammenhalten = Regel 7, (26) festgelegten = Regel 5, (27) platzenlassen oder platzen lassen = Regel 4

Seite 82: Fremdwörter richtig schreiben

2 (1) bequem = hier: praktisch; (2) fatale = verhängnisvoll, folgenschwer; (3) mobilen = beweglich, nicht an einen Ort gebunden; (4) das Meeting = das (Geschäfts)treffen; (5) der Small Talk = leichte, beiläufige Unterhaltung; (6) das Smartphone = das Mobiltelefon mit zusätzlichen Funktionen; (7) der Trend = eine Entwicklungstendenz, die in einem bestimmten Zeitraum zu beobachten ist; (8) inklusive = einschließlich; (9) die Recherchen = die Nachforschung, Untersuchung; (10) das Recycling = Aufbereitung und Wiederverwertung von genutzten Rohstoffen; (11) die Qualität = Beschaffenheit eines Materials; (12) konsequent = unbeirrbar, fest entschlossen; (13) der Egoismus = Haltung, bei der es nur um den eigenen Vorteil geht; (14) der Skandal = ein Ereignis, das Aufsehen erregt und für Kritik sorgt; (15) negativ = ungünstig, nachteilig; (16) kompliziert = schwierig; (17) der Teenager = Jugendliche von 13 bis 19 Jahren; (18) privates = nicht öffentlich, nur die eigene Person betreffend; (19) das Portemonnaie = der Geldbeutel; (20) die Chance = die Möglichkeit, etwas zu erreichen; (21) die Initiative = hier: gemeinsamer Zusammenschluss, um eine Änderung zu erreichen; (22) das Fast Food – das schnell zubereitete Essen; (23) parallel = gleichzeitig; (24) das System = das Prinzip, nach dem etwas ablaufen soll; (25) die Imbissbuden = Verkaufsstand, an dem man Kleinigkeiten essen kann; (26) kalkuliert = im Voraus berechnet; (27) direkt = ohne Umwege; (28) die Konsumenten = der Verbraucher, (29) die Toleranz = die Duldsamkeit, das Verständnis, (30) die Flexibilität = anpassungsfähiges Verhalten; (31) die Diskussion = ein lebhaftes Gespräch über ein Problem

Seite 83: Regeln der Kommasetzung anwenden

1 **A:** Fremdsprachenkenntnisse und Auslandserfahrung spielen in der zukünftigen beruflichen Entwicklung eine immer größere Rolle, [Z3] da die Globalisierung weiter voranschreitet. Zudem gewinnt man durch einen Ferienjob im Ausland intensive Eindrücke und Erfahrungen im Gastland, [Z4] die man als Tourist nie sammeln könnte. Dazu kommt noch, [Z3] dass man mit einem Ferienjob persönliche Kontakte und Verbindungen knüpfen kann, [Z4] die einem im späteren Leben noch sehr nützlich sein können, [Z2] denn eine Grundlage für persönlichen Erfolg ist ein gutes soziales Netzwerk an Kontakten.

Wer kann sich für einen Ferienjob im Ausland bewerben?
Im Prinzip kann sich jeder Schüler, [Z4] der die grundlegenden gesetzlichen Bestimmungen beachtet, [Z4] für einen Ferienjob bewerben. So ist Jugendlichen unter 15 Jahren das Arbeiten grundsätzlich nicht erlaubt. Schüler zwischen 15 und 18 Jahren dürfen max. 4 Wochen im Jahr arbeiten, [Z3] wenn sie nicht mehr als 8 Stunden täglich und 40 Stunden pro Woche tätig sind.

B: Welche Ferienjobs gibt es und wie bekommt man eine Stelle?
Es gibt verschiedene Möglichkeiten, [Z7] um an einen Ferienjob zu gelangen. Anlaufstelle Nummer eins sollte die örtliche Agentur für Arbeit sein, [Z3] weil sie seriöse Angebote für befristete Stellen im Ausland bereithält. Weiterhin gibt es noch klassische Angebote, [Z4] die sich auch heute noch großer Beliebtheit erfreuen. Dazu gehören u. a. Einsätze als Sommer-Au-Pair, [Z9] als Animateur im Tourismus, [Z9] Farmarbeit, [Z9] Ernteeinsatz, [Z9] Jobben in der Hotel- und Gastronomiebranche oder Jugendcamps. Eine gute Informationsquelle dazu ist die Website http://www.rausvonzuhaus.de, [Z4] die nicht nur die gesetzlichen Bestimmungen und Länderinfos darstellt, [Z6] sondern auch viele unterschiedliche Möglichkeiten für einen Auslandsaufenthalt anbietet.

Wie bereitet man sich auf einen Ferienjob im Ausland vor?
Damit der Job auch wirklich erfolgreich wird, [Z3] bedarf es einer sorgfältigen Vorbereitung. Das A und O für den Erfolg der Arbeit sind die Sprachkenntnisse, [Z3] denn wenn man in einem Land seiner Wahl arbeiten möchte, [Z6] selbst wenn diese Arbeit auf wenige Wochen befristet ist, [Z6] muss man sich in der Landessprache ausdrücken können. Das gilt auch für Jobs, [Z4] in denen man mit Landsleuten zu tun bekommt (z. B. Animateure). Für solche Tätigkeiten gilt, [Z3] dass die Arbeitsverträge in der Landessprache abgefasst sind und die Vorgesetzten meist Einheimische sind. Man sollte sich ausführlich mit den gesetzlichen Bestimmungen des Einsatzlandes beschäftigen, [Z1] besonders mit den Unterschieden im Vergleich zu Deutschland. Auch Informationen über Kultur und soziales Leben des Landes sind sehr nützlich. Eigentlich selbstverständlich sollte sein, [Z3] dass man sich über den zukünftigen Arbeitgeber ausführlich informiert, [Z7] um festzustellen, [Z4] mit wem man es zu tun bekommt. Oft kann man im Internet auch Erfahrungsberichte anderer Leute finden, [Z4] die dort bereits gearbeitet haben.

Seite 84: Kommasetzung in komplexen Satzgefügen

1 **Radio – voll out?**
[In einer Medienlandschaft], [die sich durch ständige Neuerung besonders im Bereich der tragbaren Telefone auszeichnet], [gilt das Radio bei vielen als verstaubt]. [Umso erstaunlicher ist es], [dass im Jahr 2015 der Preis für deutschsprachige Radiowerbung], [die aus Deutschland, Österreich und der Schweiz stammen kann], [eingeführt wurde]. [Mit dem Preis werden solche Werbespots ausgezeichnet], [deren Kreativität die Zuhörer überzeugt]. [Erfolgreich ist Radiowerbung dann], [wenn sie beim Hörer konkrete Handlungen], [die sich nicht allein auf das Kaufen beschränken], [auslöst]. [Obwohl die meisten Spots Produkte bewerben], [so gibt es durchaus auch andere Ausrichtungen]. [Spendenaufrufe werden genauso gesendet wie politische Werbung], [sodass die Hörer durch die Radiowerbung so manche Information erhalten], [die für ihren Alltag wichtig ist]. [Für die Wirksamkeit eines Spots ist u. a. die emotionale Betroffenheit von Bedeutung], [da die meisten Menschen ihre Entscheidungen aus dem Bauch heraus treffen]. [Eine sehr überzeugende Kampagne ist die Radiowerbung „Radio. Geht ins Ohr. Bleibt im Kopf."], [die im Januar 2007 startete]. [Seit dem ist der Bekanntheitsgrad des Spots ständig gestiegen], [weil sie viel Sprachwitz enthalten und die unterschiedlichsten Interessensgruppen ansprechen]. [Deshalb ist es auch nicht verwunderlich], [dass mittlerweile eine CD mit den „Best of" dieser Spots auf dem Markt ist]. [Besonders hervorzuheben ist bei diesen Radiospots], [die jeweils in einem bestimmten Dialekt gesprochen werden], [dass hierdurch die jeweilige Region gestärkt wird], [weil nicht nur die Mundart], [sondern auch der Handel lebendig präsentiert wird].
[Letztlich ist das Radio auch in heutiger Zeit], [in der die meisten sich auf ihr Smartphone verlassen], [noch aktuell], [sodass sich das Anschalten nicht nur wegen der Werbung lohnt].

2 Radiowerbung, die sehr interessant ist, wobei auch der Preis für deutschsprachige Radiowerbung zu deren Beliebtheit beiträgt, beinhaltet häufig kreative Ideen, sodass sich die Hörer die Informationen besser merken.